D1054842

La **Guía** Esencial Para

Conectarte con tus ángeles

La **Guía** Esencial Para

Conectarte con tus ángeles

por Cecily Channer y Damon Brown

Un miembro de Penguin Group (USA) Inc.

ALPHA BOOKS

Publicado por Penguin Group

Penguin Group (USA) Inc., 375 Hudson Street, New York, New York 10014, USA

Penguin Group (Canada), 90 Eglinton Avenue East, Suite 700, Toronto, Ontario M4P 2Y3, Canada (a division of Pearson Penguin Canada Inc.)

Penguin Books Ltd., 80 Strand, London WC2R 0RL, England

Penguin Ireland, 25 St. Stephen's Green, Dublin 2, Ireland (a division of Penguin Books Ltd.)

Penguin Group (Australia), 250 Camberwell Road, Camberwell, Victoria 3124, Australia (a division of Pearson Australia Group Pty. Ltd.)

Penguin Books India Pvt. Ltd., 11 Community Centre, Panchsheel Park, New Delhi—110 017, India

Penguin Group (NZ), 67 Apollo Drive, Rosedale, North Shore, Auckland 1311, New Zealand (a division of Pearson New Zealand Ltd.)

Penguin Books (South Africa) (Pty.) Ltd., 24 Sturdee Avenue, Rosebank, Johannesburg 2196, South Africa

Penguin Books Ltd., Registered Offices: 80 Strand, London WC2R 0RL, England

Derechos de autor © 2012 por Cecily Channer y Damon Brown

Todos los derechos reservados. Ninguna parte de este libro puede ser reproducida, almacenada en un sistema de recuperación o transmitida por ningún medio, ya sea electrónico, mecánico, fotocopia, grabación, o de otra manera, sin el permiso escrito de la editorial. No se asume responsabilidad alguna con respecto al uso de la información contenida en este documento. A pesar de todas las precauciones que se han tomado en la preparación de este libro, el editor y el autor no asumen responsabilidad alguna por errores u omisiones. Tampoco se asume ninguna responsabilidad por daños y perjuicios derivados de la utilización de la información contenida en este documento. Para más información, escriba a Alpha Books, 800 East 96th Street, Indianapolis, IN 46240.

International Standard Book Number: 978-0-45123-755-2
Library of Congress Catalog Card Number: Available on request.

14   13   12   8   7   6   5   4   3   2   1

Interpretation of the printing code: The rightmost number of the first series of numbers is the year of the book's printing; the rightmost number of the second series of numbers is the number of the book's printing. For example, a printing code of 12-1 shows that the first printing occurred in 2012.

Impreso en los Estados Unidos de América

Nota: Esta publicación contiene las opiniones e ideas de su autor. Su objetivo es proporcionar material útil e informativo sobre el tema abordado. Se vende con el entendimiento de que el autor y la editorial no se ocuparán de prestar servicios profesionales sobre el libro. Si el lector necesita ayuda o asesoramiento personal, debe consultar con un profesional competente.

El autor y y la Compañía editorial niegan cualquier responsabilidad por cualquier daño, pérdida, o riesgo, personal o de otro carácter en el que se incurra como consecuencia, directa o indirectamente, del uso y aplicación de cualquiera de los contenidos de este libro.

La mayoría de los libros de Alfa están disponibles en descuento para ciertas cantidades para compras al por mayor para promociones de ventas, premios, recaudación de fondos, o uso educativo. Libros especiales, o fragmentos de libros, también se pueden producir para satisfacer necesidades específicas.

Para obtener más información, escriba a: Special Markets, Alpha Books, 375 Hudson Street, New York, NY 10014.

Publisher: *Marie Butler-Knight*

Associate Publisher: *Mike Sanders*

Senior Managing Editor: *Billy Fields*

Executive Editor: *Randy Ladenheim-Gil*

Development Editor: *Lynn Northrup*

Production Editor: *Kayla Dugger*

Copy Editor: *Tricia Liebig*

Cover Designer: *Rebecca Batchelor*

Book Designer: *Rebecca Batchelor*

Indexer: *Tonya Heard*

Layout: *Rebecca Batchelor*

Proofreader: *Laura Caddell*

Cecily: Para Todd y nuestro nuevo bebé angelical

Damon: Para mis mentores espirituales, tanto del pasado como del presente

Contenido

Anexo

Prólogo

Conocí a Cecily Channer durante las primeras etapas de su investigación sobre la verdad espiritual y la iluminación. Sus experiencias inusuales la inspiraron a explorar el mundo oculto de los ángeles. La pasión de Cecily por los conocimientos la llevaron a estudiar con expertos en los campos de comunicación angelical y espiritualidad. Desde que observó por primera vez la energía angelical, se ha establecido como líder en el mundo de la comunicación angelical. Ahora comparte su perspicacia para el beneficio de otros, cambia las percepciones y nos da la esperanza de que nunca estamos solos, ya que los ángeles siempre nos acompañan.

Muchos acuden a sus ayudantes celestiales en tiempos de necesidad, pena o miedo. Aunque es verdad que te escucharán y llevarán a cabo tu pedido (si es posible), seguirán constantes y firmes a tu lado a través de todas tus experiencias de vida. Sus interacciones diarias son personales y claramente visibles una vez que has establecido una conexión con ellos. ¿Alguna vez te has preguntado a quién le hablas cuando le despotricas o le exclamas entusiasmado a un cuarto vacío?

Dentro de las décadas en las que he trabajado con las fuerzas angelicales, he llegado a aprender que son colaboradores importantes en nuestras vidas. Solo imagínate una multitud de ángeles escuchándote, comprendiéndote y consolándote a través de tiempos difíciles, por momentos no haciendo más que mantener tu espíritu estable mientras te mejoras. No tienen por qué ser tus compañeros silentes en tu camino, sino más bien pueden ser aliados interactivos y fiables.

Siempre debemos recordar que la llave que abre la puerta a la comunicación angelical es la intención y la creencia. La intención debe ser pura, llevada por la idea de ayudar a otros (o hasta al propio buscador), para sanar sus espíritus y ser mejores seres humanos. La creencia no solo es en los ángeles mismos, sino también en que tenemos el derecho y la capacidad instintiva para comunicarnos con ellos. Ellos nos fueron dados como fuerzas guiadoras, confidentes y amigos. ¿Qué más podríamos pedir?

Como docente, hace mucho aprendí que cada estudiante aprende de manera distinta, y ocurre lo mismo con la comunicación angelical. Cada uno encuentra el método de conexión que mejor le funciona a él o ella. Para algunos es tan simple como creer en su existencia y, así, ocurre una conexión natural y automática. Para otros puede resultar más complicado, pero igualmente accesible. La paz espiritual y la sensación de compañerismo hace valer la pena cualquier esfuerzo necesario.

La clave para comunicarte exitosamente con tus ángeles está en descubrir cómo tú, individualmente, interactuarás con ellos. Personalmente, yo "escucho" a los ángeles. ¿Los escucho con una voz definida y retumbante? No. Sus voces son mi voz. En mi mente, escucho cosas en mi propia voz. Lo que varía es la textura, el timbre. Esto es una base central de mis propias enseñanzas. Los ángeles no tienen cuerdas vocales, por ende, usarán el método que tú estés abierto a "escuchar" para comunicarse contigo. ¿Es un color, o ciertos animales que aparecen en tu vida, o tal vez una canción con un mensaje que suena por donde quiera que vayas? Sin importar cómo "escuchas", ellos encontrarán una manera de hacerte llegar su mensaje de esperanza, inspiración y amor. Descubrir rápidamente tu modalidad de comunicación es clave.

La guía esencial para conectarte con tus ángeles te ofrece un curso completo de información angelical y técnicas para ayudar a manifestar esa conexión. Sin importar tu nivel de conocimiento angelical, este libro tiene algo para ofrecerle al principiante, intermedio o hasta al estudiante avanzado de la iluminación.

Para el principiante, se presentan principios angelicales básicos e historia de una manera clara y concisa que le permite al novato descubrir el mundo de los ángeles. Se explican y demuestran varias técnicas para aprender "cómo" llevar a cabo esta conexión.

A los estudiantes intermedios también se les asegura oportunidades de crecimiento. Este trabajo introduce métodos nuevos e innovadores para la conexión angelical. Sin importar el nivel que llevaba el estudiante intermedio en aprendizajes o métodos previos, este trabajo alentará al lector a explorar nuevas profundidades con sus capacidades de comunicación.

A los estudiantes avanzados de comunicación angelical también se les otorga el regalo de ideas y meditaciones frescas. Los autores se dedican a proporcionar varios caminos al compartir sus propias meditaciones guiadas con nosotros. Aprendí más que solo algunos métodos nuevos al leer este libro.

—Tina Michelle
Intérprete de ángeles, médium y profesora espiritual

Introducción

Como profesora espiritual e intuitiva, Cecily no vive una vida común —ni lo quisiera. Durante los últimos siete años, los ángeles han sido sus compañeros diarios, brindándole mucha orientación, amor y consuelo, y, como resultado, el mundo de Cecily ha pasado de blanco y negro a tecnicolor (¡a veces hasta literalmente!). Cecily ve a los ángeles como una presencia llena de amor en su vida, cuidándola y ofreciéndole bondad e inspiración. Desde que invitó a los ángeles a su vida, ha experimentado más alegría, belleza y paz. Las vivencias de Cecily con el reino angelical a algunos les suenan extraordinarias, pero, honestamente, la magia del reino espiritual está abierto a todos. La experiencias de persona a persona pueden variar, pero ten por seguro que cuando abres la puerta a lo divino, ¡cualquier cosa puede ocurrir!

Cecily no nació mística o vidente; en esencia era una chica común y corriente que creció y tuvo unas experiencias fuera de este mundo. De hecho, nunca pensó mucho en los ángeles hasta que un día, su búsqueda de la verdad espiritual los trajo a su vida de una manera auspiciosa. Sin embargo, fue su asombro infantil que permaneció con ella a través de los años y le abrió la mente y el corazón para ver más allá de nuestra limitada realidad tridimensional. El amor de su niñez por lo mágico y enigmático le dio a Cecily una profunda añoranza por conectarse con el mundo oculto que nos rodea.

El Beatle "espiritual", George Harrison, lo dijo maravillosamente bien en una de sus últimas entrevistas. Aquí va esencial de lo que dijo: "Si no estás cuestionando por qué estás aquí en la Tierra, ¿qué sentido tiene estar aquí en lo absoluto?".

Este fue el mantra de Cecily como adulta y la llevó a conocer su primera profesora espiritual en 2001. En ese entonces, Cecily buscaba orientarse más en cuanto a cómo crearse una mejor vida, por lo que decidió consultarle a alguien que le podría brindar algunas respuestas. La orientación llegó en forma de una talentosa profesora espiritual llamada Tina Michelle. Tina estaba en la ciudad por el fin de semana haciendo lecturas en una librería espiritual local y cuando Cecily vio una de sus propagandas, le dio a entender de una manera profunda que necesitaba verla. Cecily no sabía nada sobre ella, más que había sido una invitada especial en varios programas de televisión. Resulta ser que ni sabía que Tina Michelle trabajaba con el reino angelical hasta conocerla. Cuando Cecily se sentó con Tina por primera vez para su lectura, le impactó el modo fácil de Tina, su acento sureño encantador y su humor, y de inmediato se sintió a gusto. Mientras se desarrollaba su lectura, Cecily estaba alucinada, no solo por la capacidad de Tina para describir lo que ya estaba sucediendo en su vida, sino también por su manera increíble de brindar una perspicacia y orientación tan necesitada sobre como podría hacer que su vida fuera más satisfactoria. ¿De dónde sacaba información tan clara y llena de amor? Cecily necesitaba saberlo. Tina le contó que provenía de su capacidad para comunicarse directamente con los ángeles de la persona a quien le hacía la lectura. Se había estado comunicando directamente con los ángeles de la guarda de Cecily. ¡Qué concepto! Inmediatamente intrigada, Cecily decidió que quería aprender cómo hacer lo mismo. En ese momento, Cecily no sabía que esta reunión se transformaría en un gran catalizador para ella.

Con la invitación de Tina Michelle, Cecily se tranformó en su estudiante. Ahora, bajo la tutela de su primera profesora espiritual, podría aprender las idas y venidas de cómo conectarse con los ángeles. Dentro de los primeros meses de abrir sus líneas de comunicación con el reino angelical, Cecily tuvo la oportunidad de entrenar bajo la tutoría de la reconocida experta en ángeles y autora Doreen Virtue. Luego de asistir a un taller de un día, Doreen le dijo a los presentes que había sido divinamente orientada para ofrecer su primer y único entrenamiento para la certificación de terapia fuera de California. Sería en Chicago dentro de los próximos meses (la ciudad natal de Cecily). Cecily ni lo pensó. ¡Ahí estaría! Los ángeles parecían estar guiándola hacia una mejor vida con cada día que pasaba.

Cecily definitivamente no estaba preparada para la manera en que su conexión con el reino angelical se volvería cada vez más fuerte y evolucionaría desde aquel primer encuentro con Tina Michelle. El 2 de diciembre de 2001, Cecily tuvo una experiencia espiritual profunda que le cambió la vida por siempre. La visitó un ángel. Lo que sigue es su experiencia registrada en su diario al día siguiente.

2 de diciembre de 2001

A eso de las tres de la mañana, me desperté de un profundo sueño. Abrí mis ojos me encontré con una visión increíble. A mi derecha se encontraba un gran ángel. Apareció como un gran orbe de luz que incluía toda la gama de colores. A los lados de este orbe habían grandes alas blancas aleteando. El ángel voló sobre mí y quedo allí cernido por unos segundos, antes de desaparecer y dejarme con un espectáculo de imágenes en el ojo de mi mente. Como si la película estuviera hecha de bosquejos en blanco y negro, vi un ángel sonriente volar sobre los árboles y la naturaleza. El ángel adquirió la forma de una mujer, pero era un bosquejo muy básico y la cara aparecía como una "carita feliz" —:). He leído que los ángeles pueden aparecer en cualquier forma y en general lo hacen de la manera menos intimidante posible para no asustar al observador. El "espectáculo de imágenes" de repente terminó y miré hacia arriba para mágicamente presenciar cientos de estos ángeles con "caritas felices" mirándome. Esto, para mí, fue un milagro. Me habían visitado los ángeles, y mi vida nunca sería igual. Los ángeles existen. No tengo la menor duda de que Dios existe.

Luego de este encuentro profundamente transformador con los ángeles, Cecily supo que había más en la vida que la experiencia limitada de nuestros cinco sentidos, y no pudo mirar atrás mientras se dejó llevar por la belleza de un reino nuevo y más extenso de posibilidades. Tina Michelle le había asegurado que todos podían comunicarse con el reino angelical si abrían sus corazones a los ángeles que los rodeaban; no era algo para solo un grupo exclusivo de personas. Todos podían ser místicos en su propia y única manera porque todos tienen sus propios dones intuitivos. Fue este conocimiento el que la impulsó a aprender cómo enseñar, sanar e inspirar a aquellos en busca de una orientación espiritual y una conexión diaria con sus ángeles. Cecily, como lo había deseado, logró completar el programa de entrenamiento de la terapia de ángeles con Doreen Virtue, y luego continuó su entrenamiento intuitivo con la superdotada maestra espiritual y autora Sonia Choquette. Todos los años que prosiguieron desde entonces llevaron a Cecily a ser ella misma una maestra espiritual, disfrutando del proceso de asistir a otros en despertar su potencial máximo, compartiendo su sabiduría en *La guía esencial para conectarte con tus ángeles.*

Aunque Cecily siempre estará en una búsqueda seria por los conocimientos espirituales, los ángeles la han ayudado a relajarse en su diario vivir. Una de las citas preferidas de Cecily es: "Los ángeles pueden volar, porque se toman a la ligera".

Cómo usar este libro

Este libro se divide en tres partes principales:

La primera parte, Conoce a los ángeles, es una cálida bienvenida a este grupo solidario que nos ayuda a través del viaje por la vida. Considéralo como la base fundamental sobre qué son los ángeles y qué es lo que hacen.

La segunda parte, Mensajes de los ángeles, te pondrá en comunicación con los ángeles. Te mostraremos cómo abrir más puertas al reino angelical y cómo escuchar sus consejos.

La tercera parte, Cómo trabajar con los ángeles, lleva tus conocimientos angelicales al próximo nivel. Las técnicas más profundas de esta parte incluyen rituales espirituales e información sobre lazos especiales entre los ángeles y los niños. Además, aprenderás cómo nos pueden asistir los ángeles en nuestras vidas amorosas.

También tenemos cinco anexos útiles para tus consultas. El Anexo A contiene una lista de los términos espirituales que debes conocer. El Anexo B rápidamente responde a tus preguntas frecuentes sobre ángeles. Las cartas del oráculo, que te pueden ayudar a conectarte con tus ángeles, son el tema del Anexo C. A veces es importante ser completamente proactivo y estar comprometido para comunicarse, como lo explicamos en el Anexo D con los excursiones de ángeles. Finalmente, los recursos literarios y en línea que se encuentran en el Anexo E te alientan a continuar tu búsqueda de conocimientos más allá de este libro.

Extras esenciales

Cuando se trata de los ángeles, cuánto más sepas, ¡más alto volarás con ellos! Hemos agregado pedacitos de información divertida dentro de cada capítulo bajo los siguientes títulos:

Aquí encontrarás consejos, pistas y perspicacia que te ayudará a comunicarte con los ángeles más fácilmente.

Busca estos recuadros para encontrar definiciones de palabras espirituales o angelicales que te pueden ser ajenas.

Lee estos recuadros para divertirte, aprender historia interesante, información relevante y trivialidades que harán que tu conocimiento angelical sea aun más admirable.

Estas son advertencias sobre detalles confusos o difíciles de comprender en cuanto a los ángeles y, a su vez, pistas útiles sobre cómo evitar pasos en falso y malentendidos angelicales.

Agradecimientos

Cecily quiere agradecerle a su esposo Todd Schmid y a su buenas amigas Jennifer Calligan, Suzanne Morrison, Polly Lamers, Nicole Gifford, Felicia Libbin y Kris Tait por todo su apoyo. También quiere dedicarle este libro a sus maestras espirituales Sonia Choquette y Tina Michelle.

Damon quiere agradecerle a su mamá Bernadette Johnson y a su padre y padrastro David G. Brown y Tony Howard, y a su novia, la doctora Parul Patel. Sobretodo, quiere dedicarle este libro a sus mentores espirituales, incluyendo Rosemary "Roro" Taylor, y a los autores espirituales que lo han precedido, particularmente a Linda Goodman.

Marcas

Todos los términos mencionados en este libro que se sabe que están o son sospechosos de ser marcas comerciales o marcas de servicio, aparecen debidamente. Alfa Libros y Penguin Group Inc. (EE.UU.) no pueden dar fe de la exactitud de esta información. El uso de cualquier término contenido en este libro no debe suponer que afecte la validez de cualquier marca comercial o de servicio.

Conoce a los ángeles

En esta primera parte, aprendemos sobre los ángeles: qué son, cuál es su propósito y cómo nos pueden ayudar en el camino de la vida. Conocer su historia te ayudará a comunicarte mejor con ellos. También entramos en detalle sobre los mitos incorrectos (y a veces graciosos) sobre los ángeles, repasamos los diferentes tipos de ángeles y hablamos sobre el equipo de apoyo espiritual —un grupo maravilloso que muchas veces se confunde con los mismos ángeles. La primera parte es una introducción perfecta tanto para los novatos en el tema ángeles como para los expertos celestiales.

Capítulo 1

Ayuda de un poder superior

Define lo que es un ángel

Aprende los objetivos principales del ángel

Descubre los tres tipos principales de ángeles

Comprende a los ángeles y al libre albedrío

Estamos viviendo un tiempo sofisticado, rodeados de iPhones y TiVos, telecomunicaciones y blogs en línea. Muchas tecnologías nuevas se han apoderado de nuestra civilización moderna.

Aun con nuestras necesidades mundiales y vidas en alta velocidad, queremos conectarnos con un poder superior. Una encuesta reciente de Gallup descubrió que 82% de mujeres y 72% de hombres creen en ángeles hoy en día. A pesar de la guerra, la pobreza y la inhumanidad corriente, todavía creemos que nos estamos siendo observados, protegidos y hasta amados por seres superiores.

¿Qué es un ángel?

Un ángel es un ser espiritual eterno enviado desde un poder superior —muchas veces referido como Dios, Alá o la Fuente— con órdenes para guiarnos hacia la paz y el amor. Han existido durante milenios, mucho antes de la existencia de los humanos.

Misiones importantes tanto pequeñas como grandes

Hoy en día, las misiones diarias de los *ángeles* pueden ser tan grandes como ayudar a que dos líderes políticos en guerra lleguen a un acuerdo, o tan pequeñas como sanar una relación inestable entre una hija y su padre. Los ángeles en realidad no tienen *libre albedrío*, por lo tanto todas sus metas y acciones son mandatos de Dios.

Un *ángel* es una guía espiritual y mensajero eterno, bajo un poder superior, enviado para ayudar a la humanidad. El *libre albedrío* es la idea filosófica de que tienes la libertad para hacer lo que quieras cuando quieras sin estar limitado por un destino determinado.

No hay humanos aquí

A diferencia de las representaciones artísticas populares, los ángeles no tienen, necesariamente, alas gigantes, rasgos juveniles y angelicales, ni siquiera cuerpos humanos. Los ángeles no son humanos y nunca han sido humanos. Son criaturas andróginas y sin ego. (Básicamente, ¡son justamente lo opuesto a los humanos!). Su meta principal es ayudar, proteger y sanar, y aumentar el nivel de conciencia de toda la humanidad.

Del reino espiritual

Ellos son de espíritu, no de carne y hueso, por lo que no hay límites en cuanto a lo que pueden hacer o dónde pueden ir, mientras sus acciones sean decretadas por un poder superior. Los ángeles no trabajan dentro de las fronteras del tiempo y el espacio porque están hechos de energía pura. Algunos ángeles van y vienen, pero pueden estar constantemente presentes en todo momento de tu vida.

Seres sin afiliación religiosa

A parte de su amor por la humanidad, lo más maravilloso de los ángeles es que no pertenecen a una religión en particular. A pesar de su prominencia en las interpretaciones bíblicas, los ángeles no son estrictamente cristianos, ni tampoco son, como ha sido mencionado anteriormente, de una raza o género específico. Son seres espirituales sin afiliación religiosa y, en ese sentido, gente de todos los caminos religiosos y espirituales pueden encontrar una manera de conectarse y comunicarse con sus propios ángeles personales. En pocas palabras, los ángeles son universales

¿Qué hacen los ángeles?

Claro, es genial tener a los ángeles alrededor, pero ¿qué hacen exactamente? Los ángeles tiene tres metas principales en tu vida:

- Ayudar

- Proteger

- Sanar

Hay metas más grandes y amplias para la humanidad en general, pero así es cómo los ángeles más te influyen.

¿Alguna vez tratas de tranquilizar tu mente y, de repente, sabes exactamente qué hacer? Puede ser tu ángel de la guarda susurrándote al oído.

Ayudar

La primera meta de un ángel es ayudar a la humanidad o, específicamente, ayudarte a ti. ¿Alguna vez algo se te ha dado con tanta facilidad que parece que fue destinado a ser así? Algunas cosas en la vida parecen no requerir esfuerzo.

Al tener libre albedrío, los ángeles no nos pueden ayudar con un tema en particular hasta que nosotros decidamos acudir a su ayuda. A menos que vayamos a morir antes de tiempo, va en contra de la naturaleza del ángel hacer algo que contradiga nuestro don del libre albedrío. Esto, por supuesto, requiere que dejes que los ángeles formen parte de tu vida. Rezarle a Dios es una manera de llamar a los ángeles. Los ángeles están dispuestos a sudar proverbialmente para ayudarte, ya que su meta principal es hacerte llegar a donde tienes que estar a nivel espiritual y emocional. Y, en cambio, tú ayudas a la humanidad al llegar a donde necesitas estar. Hablaremos más sobre este tema en el capítulo 7.

¿Alguna vez has sentido que hay trabas en el camino que te impiden hacer algo que deseas? ¡Esto seguramente también es a causa de un ángel! A veces lo que nosotros creemos es una movida buena en realidad nos llevará a nuestro detrimento, y viceversa. Los ángeles están conectados al conocimiento fundamental, así es que saben hacia dónde vamos y qué pasará si seguimos el camino actual. No se supone que la vida sea fácil, pero la próxima vez que las circunstancias se vuelvan ridículamente difíciles, recuerda que tus ángeles pueden estar intentando abrirte los ojos hacia un camino mejor.

Proteger

Otra meta primordial es proteger a la humanidad, que muchas veces significa proteger a la humanidad de sí misma. Es irónico que las guerras, a menudo, se pelean por la religión, la supuesta casa de los ángeles que son enviados para protegernos. En realidad, los ángeles nunca toleran la guerra; su orden del día es conducir a la humanidad hacia una era de paz.

A nivel personal, los ángeles están aquí para recordarnos constantemente que nosotros provenimos de la grandeza y que deberíamos amar a nuestros prójimos, y a nosotros mismos, sin importar nuestras diferencias. Al ser llamados, nos protegen del juicio y prejuicio.

Sanar

La última meta esencial de un ángel es sanar a la humanidad. Sanar a la humanidad empieza contigo. Como bien dicen los políticos, la única manera de ganar una elección es consiguiendo cada voto uno a uno. Si la legión de ángeles está siguiendo las órdenes de un poder superior para alcanzar la paz mundial, primero tiene que ayudar a que el individuo encuentre esa paz dentro de sí mismo.

Cuanto más invites a los ángeles a tu vida, más te ayudarán a sanar la relación entre tú y tú misma, tu prójimo y tu medio ambiente.

consejos
celestiales

Hay un malentendido popular que dice que los ángeles eran más visibles o estaban más presentes durante los tiempos bíblicos porque eran más necesarios en ese momento. ¡No es verdad! Nuestra conciencia sobre los ángeles puede haber disminuido en los tiempos modernos, pero su presencia no. Si la meta principal de los ángeles es crear la paz mundial, entonces obviamente hay más trabajo por hacer. Apasionados e incansables, los ángeles no detendrán sus esfuerzos hasta cumplir la tarea.

Tipos de ángeles

Hay tres tipos principales de ángeles:

- Ángeles de la guarda

- Arcángeles

- Ángeles serviciales

Los ángeles vienen en varias formas con obligaciones diferentes. Tanto los siempre presentes ángeles de la guarda, como los arcángeles que abarcan todo y los ángeles serviciales se aseguran de que recibas la ayuda, protección y sanación que necesitas.

Además de los ángeles, hay un grupo de seres espirituales que nosotros llamamos el Equipo de Apoyo Espiritual, que también ayuda a que se hagan las cosas. Leerás sobre este grupo en el capítulo 4.

Los ángeles de la guarda

Los ángeles de la guarda se nos asignan antes de nacer, y están con nosotros todos los días para ayudarnos en la transición entre el nacimiento y la muerte. Esto no quiere decir que nos están ayudando a morir—¡por Dios, claro que no!—pero sí nos están ayudando a vivir nuestras vidas al máximo.

Sin embargo, la cantidad de influencia que tienen sobre nuestras vidas está en nuestras manos. Como lo descubrirás, otros ángeles pueden ser más directos, y hasta firmes, al ayudarte en tu camino. Los ángeles de la guarda están siempre presentes, pero al igual que todos los ángeles, respetan el don más importante del ser humano: el libre albedrío.

En general tienes algunos ángeles de la guarda —dos o tres— y a veces sus mensajes sutiles son lo que la persona común y corriente puede atribuir a un simple presentimiento o corazonada. (Aunque, claro está, algunos sentimientos son exactamente eso: sentimientos). ¿Alguna vez has sentido esa sensación extraña de que no deberías ir a esa fiesta esta noche o, quizás, esa sensación inquietante de temor de que algo le ha pasado a un ser querido y que deberías comunicarte con ellos de inmediato para asegurarte de que están bien? Puede ser el empujoncito de un ángel de la guarda. Y, al igual que otras comunicaciones, se disipa si estamos bloqueando nuestra expresión emocional. En términos superiores, a los ángeles de la guarda se les hace más difícil atravesar nuestro campo de energía cuando nuestras emociones son altas y turbulentas, razón por la cual es crucial que te centres para mantener las líneas de comunicación abiertas. Hablaremos más sobre este tema en el capítulo 6.

Otros ángeles puede que vayan y vengan, pero nuestros ángeles de la guarda son nuestros compañeros constantes. Su papel más importante es protegernos y guiarnos a través de nuestro viaje por la vida. En realidad, conocemos a nuestros ángeles de la guarda antes de comenzar nuestras vidas terrenales, pero por el bien de nuestro libre albedrío, nuestra memoria de ellos es borrada. Sin embargo, ellos sí recuerdan quienes somos *nosotros*: nuestras áreas de crecimiento, nuestras virtudes y nuestra misión de vida. Una de las cosas que hace que los ángeles sean hermosos es su falta de juicio, y los ángeles de la guarda están siempre presentes sin importar cuán oscuro se torne el camino ni cómo decides vivir tu vida. Por supuesto, usar su sabiduría para mejorar nuestras vidas está en nuestras manos.

iluminaciones

Algunos creen que, antes de nacer, elegimos a las personas que queremos tener en nuestras vidas, incluyendo nuestra familia y amigos más cercanos. Elegir y aceptar a los mejores ángeles en nuestras vidas es parte de este proceso.

Los arcángeles

Los arcángeles, quizá los ángeles más dramatizados, son los mandamás. Creados desde el principio de los tiempos, su meta principal es hacer llegar la paz a la Tierra. Esto se hace con una persona a la vez.

Los arcángeles organizan a los otros ángeles, dirigiéndolos hacia donde son necesitados. A la vez, no tienen miedo de poner las manos a la obra. En realidad, los arcángeles son conocidos por su participación, llegando de inmediato y actuando velozmente cuando son llamados.

Cuando invitamos a los arcángeles a nuestra vida, ellos muchas veces están detrás de esos cambios de paradigma —gran momentos de perspicacia o cambios— que ocurren sin advertencia. Por ejemplo, imagina que estás llegando tarde al trabajo porque se te quemó el desayuno, tu camisa preferida está sucia y de pronto no encuentras tus llaves, y justo te pierdes el tren —y más tarde te enteras que ese tren sufrió un accidente. Puedes llegar a descubrir que esos momentos de "casi" o "por poco" o aquellos golpes de suerte pueden llegar a ser los arcángeles protegiéndote. Les gusta hacer cosas a lo grande que te ayudan a comprender el regalo valioso que es la vida y, a veces, que te recuerden que estás siendo amado y protegido desde allá arriba.

La maestra espiritual Doreen Virtue dice que los arcángeles son "mánagers" que ayudan a supervisar y organizar a los otros ángeles en la Tierra. Con personalidades fuertes, hay cuatro arcángeles conocidos: el Arcángel Miguel, el Arcángel Gabriel, el Arcángel Rafael y el Arcángel Uriel. También existen tres arcángeles menos conocidos: el Arcángel Chamuel, el Arcángel Jofiel y el Arcángel Zadkiel.

El Arcángel Miguel es el arcángel más dibujado. En general lo representan como un ángel alto y joven con alas gigantes bajando a la Tierra con una espada en mano. Las espadas en general simbolizan conocimiento, no violencia.

Entraremos en más detalle sobre las personalidades y virtudes complejas de los arcángeles en el capítulo 3.

consejos
celestiales

Los ángeles te quieren apoyar, ¡pero tú seguirás haciendo el trabajo! No esperes ser perezoso y asumas que los ángeles te ayudarán a resolver tus problemas así no más. Su meta es promover tu crecimiento espiritual, no solucionar tus problemas.

Los ángeles serviciales

Los ángeles serviciales están en la primera línea del frente espiritual —las abejas trabajadoras de la colmena angelical— y son parte del equipo angelical. Los ángeles serviciales tienen misiones muy simples. Si tienes un tema particular en mente, puedes preguntar: "¿Cuáles son los ángeles que quieren trabajar este tema conmigo?". ¡Y estarán a tu disposición!

Estos son algunos ejemplos:

El Ángel de la Paciencia cuando estás ansioso

El Ángel de la Paz cuando estás en conflicto

El Ángel del Valor cuando debes tomar un riesgo

...y así sucesivamente. Son tu propio personal disponible para ayudarte en todo momento de necesidad.

Y no te preocupes por ser una carga para ellos —hay un número infinito de ángeles a los cuales puedes llamar para cualquier inquietud que puedes tener en tu vida.

Puntos esenciales

- Los ángeles no están afiliados a una religión en particular. Los ángeles son universales.
- Los ángeles son seres andróginos, sin ego, que nunca han sido humanos.
- Hay tres tipos principales de ángeles: los ángeles de la guarda, los arcángeles y los ángeles serviciales.
- Al respetar tu libre albedrío, los ángeles raramente interfieren en tu vida si tú te opones.

capítulo 2

Mitos y verdades sobre los ángeles

Aborda el mito sobre cómo se ven los ángeles

¡Ver a los ángeles no quiere decir que estás alucinando!

Descubre cómo interactúan los ángeles con los humanos

Expone que no hay nada "Nueva Era" en cuanto a los ángeles

Cuando se trata de la cantidad de mitos en nuestra cultura, los ángeles están allí arriba con Pie Grande y el monstruo del lago Ness. ¿Sus alas llegan a tener un ancho de doce pies? ¿Pueden atravesar paredes, pero solo si los dejas entrar? ¡Qué confusión!

Los ángeles son reales, y por ende hay verdades muy reales... así como mitos muy reales.

En este capítulo, hablamos de varios mitos antiguos sobre los ángeles, incluyendo los halos y las alas, su papel en las alucinaciones y si entran en la categoría de la Nueva Era.

Ver a los ángeles

Cuando lo piensas, los ángeles son igual de partícipes en nuestra cultura moderna a lo que eran en los tiempos bíblicos. Desafortunadamente, hoy en día hay más malentendidos que nunca. Aquí detallamos lo que es verdad y lo que está malinterpretado en cuanto a los ángeles.

Mito: Todos los ángeles son hombres o mujeres jóvenes

Basado en las creencias comunes, los ángeles se parecen a hombres jóvenes y viriles o a mujeres preciosas y delicadas a lo Brad Pitt y Angelina Jolie. Estas ideas provienen del arte clásico, cuando los artistas italianos dramatizaban las interacciones angelicales con hermosos querubines o preciosos adultos jóvenes.

Esto no tiene nada de verdad —¡los ángeles han recibido el tratamiento Hollywood!

Como mencionamos en el capítulo 1, los ángeles aparecen con la forma que más cómodo te hace sentir, sea la de un viejo sabio o una pequeña niña graciosa y linda. Ellos, sin embargo, no son humanos. Los ángeles son andróginos —es decir, son seres espirituales sin sexo— y existen desde mucho antes que los humanos. Algunos tienen varios milenios de años.

Son seres de otro mundo hechos de energía positiva y pura, pero, quizá para que nos podamos relacionar con lo que son, la gente ha *antropomorfizado* a los ángeles a nivel histórico, haciéndolos parecer menos similares a seres celestiales y más similares a humanos con superpoderes.

El *antropomorfismo* es la práctica de atribuirle rasgos y cualidades humanas a objetos y seres no humanos.

Mito: Todos los ángeles tienen halos y alas

Un mito común es que todos los ángeles tienen un halo de un brillante color amarillo y alas suaves, esponjosas y perladas suficientemente anchas como para abrazarte.

Los ángeles no tienen alas. A diferencia de los humanos, los ángeles no están limitados por el tiempo y el espacio —pueden aparecer en lugares múltiples a la vez—, por ende el concepto de las alas puede haber comenzado como una manera básica para explicar cómo logran moverse de un lugar a otro tan velozmente.

En cuanto al halo, hay algo de verdad en eso: al ser pura energía, los ángeles son naturalmente radiantes. Al igual que un arco iris, los ángeles emiten todos los colores conocidos por el hombre, resplandeciendo y haciendo brillar a medio ambientes con su energía. Brillan, pero este resplandor no está limitado a un círculo simbólico flotando sobre sus cabezas.

Dicho eso, los ángeles a veces sí se nos aparecen en esta forma "clásica" con halo y alas, pero esto es solo para hacernos sentir cómodos. Las alas se usan como símbolo de consuelo, e intuitivamente a veces podemos sentir las plumas de los ángeles tocándonos o las alas abrazándonos.

Introducción a los ángeles

Al ser espíritus celestials, los ángeles trabajan dentro de una vibración superior a los humanos; por ende, tienen ese resplandor abundante y la habilidad para moverse más allá de nuestros límites terrenales de tiempo y espacio. Cuanto más centrada esté tu energía, más receptivo podrás ser a los esfuerzos de un ángel para comunicarse.

Mito: Ver a los ángeles significa que estás alucinando

La esquizofrenia paranoide y otras enfermedades mentales similares tienen características que incluyen delirios y alucinaciones. Es como si las paredes entre la imaginación, la memoria y la percepción se derritieran y en su lugar se creará una realidad corriente que nunca ha existido y seguramente nunca existirá. Dicho esto, todas las visiones y ocurrencias fuera de nuestras experiencias normales no necesariamente indican que hay una enfermedad mental en juego. Desde los tiempos antiguos, personas que aparentaban ser plenamente funcionales recibían visitas y tenían visiones de ángeles.

Por ejemplo, hay una diferencia clara entre una visión de un ángel y una alucinación. De hecho, estudios han encontrado casos donde un extraño ayuda a alguien en peligro y, repentinamente, desaparecen de vista. Gente normal y centrada no tiene por qué inventar algo así, ¡especialmente si sus vidas fueron salvadas!

Es igual de impreciso juntar a todos los ángeles en la misma categoría, como los cuentos de niños y el folclore. La Biblia y otra documentación han seguido a estas ambles guías espirituales a través de la historia. Y, dependiendo de las creencias personales, a uno no le sería difícil encontrar momentos en donde "coincidencias" llevaron a un evento positivo que nos cambió la vida. ¿Cuántas veces se pueden atribuir estos eventos a la *casualidad fortuita*? Y la influencia positiva que los ángeles tienen en nuestras vidas ciertamente no es una alucinación.

Definición

La *casualidad fortuita* es encontrar que las cosas están trabajando a tu favor sin tu intervención —es decir, por pura "coincidencia".

La relación con los humanos

Basado en nuestra cultura popular, los ángeles son personas que conocemos que han fallecido: el espíritu de nuestra tía Clarise baja de los cielos para protegernos del mal, o la aparición de nuestro abuelo Burt llega para guiarnos hacia la dirección acertada. La película popular de Demi Moore, *Ghost* (1990), está totalmente basada en esta premisa, donde su difunto marido, interpretado por Patrick Swayze, vuelve para salvarla de su asesino. Las interpretaciones modernas son entretenidas ¡pero no son completamente precisas! Los difuntos seres queridos pueden ayudar, pero no tienen la misma cantidad de poder y sabiduría que los ángeles.

Iluminaciones

Aunque los ángeles nunca han sido humanos, sí existen guías espirituales que fueron humanos, así como seres queridos difuntos que te vigilan. Ellos son parte de nuestro Equipo de Apoyo Espiritual, del cual hablaremos más en el capítulo 4.

Mito: Los ángeles primero fueron humanos

Por definición, los ángeles no son humanos y nunca han sido humanos. Son espíritus atentos y amables creados por Dios. Un ángel puede tomar la forma de un humano —si ayuda a comunicarse mejor contigo— pero son y siempre serán la luz sanadora de Dios.

Mito: Los ángeles bajan del cielo solo cuando es necesario

Es fácil imaginarse una bandada de ángeles alados sentados allá arriba en sus nubes blancas esponjosas, observando cómo los humanos torpemente atravesamos el día. Y, quizá, si uno de nosotros ruega lo suficiente o está en una situación claramente horrible, hablarían entre ellos para ver si deberían bajar, a cuál le tocaría y, aun más importante, cuánto deberían interferir de entrada. Esta escena seguiría el hilo de material clásico parecido a los mitos griegos —Zeus y Hera discutiendo sobre los endebles humanos allá abajo— y a otras filosofías basadas en los dioses.

Sin embargo, los ángeles son prácticamente lo opuesto. Se mueven entre nosotros. Son de la gente. Quieren involucrarse. Las legiones de ángeles no fueron creadas para que se sentarán mientras la gente sufre, sino para involucrarse. En realidad, les gustaría tener un papel aun *mayor* en nuestras vidas.

Mito: Los ángeles solo vendrán cuando estás desesperado

Los ángeles parecen infinitamente ocupados. Siempre hay una guerra en alguna parte, y en esa guerra hay mucha gente luchando por su vida o por quitarle la vida a otros. Esa gente claramente necesita ayuda para encontrar una paz interior e, idealmente, una resolución. Hay gente con su salud en deterioro, repentinamente minusválido por un accidente, sufriendo una enfermedad a largo plazo o con defectos congénitos; obviamente necesitan orientación, protección y ayuda en su viaje. Luego están los muy pobres, abandonados y las millones, si no es que son mil millones, de personas en el mundo que en este instante están sufriendo.

Teniendo en cuenta el sufrimiento global diario, ¿es sorprendente que nos sintamos culpables, avergonzados o indignos de llamar a nuestros ángeles?

La verdad es que los ángeles tienen tiempo para nosotros. De hecho, los ángeles muchas veces están frustrados porque les encantaría entrar a ayudar, pero como solo siguen la voluntad de Dios y el individuo, deben ser invitados a nuestras vidas para realmente lograr un impacto importante.

Además, nuestras limitaciones no sofocan a los ángeles, por ende pueden ayudar a varias personas a la vez. Al estar hecho de energía, un ángel puede ayudar en un lugar, observar en otro y hacer otra cosa en una ubicación completamente diferente.

 Recuerda, los ángeles pueden ayudar a varias personas a la vez. No tengas miedo de llamar a un ángel; el ayudarte no impedirá al ángel de asistir a otra persona necesitada.

Mito: Los ángeles te impedirán hacer cosas malas

Hay una imagen cultural hermosa, aunque imprecisa, de un ángel sobre un hombro y un demonio sobre el otro luchando por el alma humana. Es una gran representación de la conciencia humana y el conflicto entre hacer lo que es fácil y hacer lo que es correcto. Sin embargo, es un conflicto *interno,* no uno externo.

En realidad, los ángeles no te pueden obligar a hacer algo que de ninguna manera quieres hacer. Ellos realizan los deseos de Dios, y uno de los deseos de Dios es que los humanos tengan la oportunidad de decidir qué vida quieren llevar —en pocas palabras, esto es el libre albedrío, el regalo de Dios al hombre. Por ejemplo, maltratar a otra persona sería una violación de tu libre albedrío porque decidiste maltratar a esta persona basado en tu propio juicio. El ángel no juzga, pero solo actúa en base a los deseos de Dios y tus pedidos.

Los ángeles no discutirán contigo, pero sí intentarán encaminarte en la mejor dirección para tu crecimiento espiritual individual. Si sientes que te están guiando hacia una dirección en particular, ¡sin duda, escucha!

Historia

Los ángeles no son de tiempos modernos, ni tampoco son completamente pertinentes al pasado. Aquí desvanecemos algunos mitos sobre la historia angelical.

Mito: Los ángeles son un fenómeno de la Nueva Era

Como pasa con cualquier época con guerras inestables y aflicciones finan-cieras, el nuevo milenio ha traído consigo más y más personas en busca de orientación y sabiduría espiritual. La gente a menudo depende de la fe cuando las cosas parecen estar fuera de control.

Algunos pueden llamar al reconocimiento superior de los ángeles algo "Nueva Era", agrupando a nuestros ayudantes celestiales con todas las ideas preconcebidas que se asocian con ese término. En ciertos círculos, la espiri-tualidad de la Nueva Era ha sido considerada como cualquier práctica espi-ritual o creencia que está "allá lejos". Desde luego, esta es una vista limitada de la espiritualidad Nueva Era y una vista aún más limitada de los ángeles.

Aunque las otras creencias no hacen daño, no hay nada nuevo en cuanto a la presencia de los ángeles. Los ángeles fueron debatidos previo a nuestras vidas —es más, mucho antes que la misma Biblia—, y los ángeles han es-tado aquí desde el comienzo de la historia. Además, los ángeles han sido *reconocidos* por los humanos previo a nuestra generación.

Consejos Celestiales

La categoría moderna de Nueva Era ahora ha llegado a incluir todo lo que no sea exclusivamente cristiano que requiere una fe mínima, incluyendo la astrología, el Tarot, la numerología, las vidas pasadas, la conciencia colectiva, la mente sobre la materia, la acupuntura, la sanación alterna-tiva y, sí, los ángeles. Es injusto e impreciso agrupar estas diversas cre-encias y prácticas todas juntas, ya que cada una tiene una historia, ritual y sistema de valores diferentes —¡y ni hablar de que ninguna es nueva!

Mito: Los ángeles solo fueron visibles en los tiempos bíblicos

Aunque los ángeles pueden ser catalogados equivocadamente como Nueva Era, irónicamente también pueden ser descartados como una reliquia del pasado. Hay incontables referencias a los ángeles en los dos mil años después del nacimiento de Cristo.

Además, si no tuvieran una papel en nuestras vidas comunes y nuestra conciencia, los ángeles se hubieran alejado de nuestras culturas como los caminadores sobre el agua, los leprosos y la alquimia de transformar el agua en vino. En cambio, los ángeles se plantaron firmemente en nuestras propagandas, nuestros libros y nuestro arte. En pocas palabras, no se han ido a ninguna parte.

Puntos esenciales

- Los ángeles no llevan un halo, pero si emiten un resplandor cálido, lleno de amor, dondequiera que vayan.

- Los ángeles nunca fueron humanos. Fueron creados al principio de la historia.

- Los ángeles no son alucinaciones, ya que juegan un papel importante en esas casualidades fortuitas a través de nuestras vidas.

- Los ángeles nunca están demasiado ocupados como para ayudar y disfrutan participar de nuestro crecimiento espiritual en temas, sin importar cuán pequeños sean.

- Los ángeles no han disminuido desde la época bíblica, lo cual se puede comprobar con lo presentes que los tenemos en nuestra cultura moderna.

capítulo 3

Los ángeles, los arcángeles y la Biblia

Recuerda apariciones notables en la Biblia

Aprende el papel del ángel en el nacimiento de Jesús

Revisa los diferentes trabajos y motivaciones de los arcángeles

Conoce a los arcángeles, los querubines y los serafines

Sea que nos ayuden a pasar por un día difícil o nos guíen en las metas de vida, los ángeles tienen diferentes papeles en nuestras vidas. Un buen lugar para comenzar a comprenderlos es en la Biblia, que nos da otra perspectiva al hablar sobre su acciones en el pasado, el propósito de los arcángeles y la variedad de ángeles que nos apoyan en nuestro viaje.

Los ángeles en la Biblia

Los ángeles juegan un papel en el judaísmo, Islam y otras religiones importantes. Sin embargo, muchos americanos vinculan más cercanamente a los ángeles con la Biblia.

Hay una plétora de apariciones de ángeles en la Biblia —es más, ¡podría ser un libro en sí!—, así que en este capítulo, resaltamos las historias más importantes y notables del texto clásico.

Primera mención de los ángeles en la Biblia (Génesis 3:24)

Y Dios dijo: "Ahora el hombre se ha vuelto como uno de nosotros, pues sabe lo que es bueno y lo que es malo. No vaya a tomar también del fruto del árbol de la vida, y lo coma y viva para siempre." / Por eso Dios el Señor sacó al hombre del jardín de Edén, y lo puso a trabajar la tierra de la cual había sido formado. / Después de haber sacado al hombre, puso al oriente del jardín unos seres alados y una espada ardiendo que daba vueltas hacia todos lados, para evitar que nadie llegara al árbol de la vida. (Génesis 3:22–24)

Aunque algunos han sostenido que el que tomó el fruto del árbol de la vida fue Adán, y no Eva, los eruditos ahora no están seguros qué fruto fue. La Biblia del Rey Jaime —la versión más citada del libro— nunca específica que fue una manzana. Entonces, ¿por qué nunca lo llamaron, digamos, la pera de la ciencia o la banana del bien y del mal? Podría decirse que porque la palabra en latín *malum* significa tanto "mal" como "manzana".

En esta parábola clásica, Adán y Eva toma el fruto del árbol de la vida —la única cosa que Dios le dijo a Adán que no hiciera. El árbol de la vida, símbolo del conocimiento terrenal, hace que la pareja tome conciencia de sus cuerpos y del mundo fuera del idílico jardín de Edén. Son expulsados del hermoso jardín y la verja está custodiada por "unos seres alados" a los cuales luego se los menciona como *querubines*.

Los *querubines* son un grupo de ángeles de alto rango. La versión singular es querubín.

Limpiando el alma de Isaías (Isaías 6:2)

En el año de la muerte del rey Uzías vi yo al Señor sentado sobre un trono alto y sublime, y la orla de su manto llenaba el templo. / Por encima de Él había serafines; cada uno tenía seis alas: con dos cubrían sus rostros, con dos cubrían sus pies y con dos volaban. / Y el uno al otro daba voces, diciendo: "Santo, Santo, Santo, es el SEÑOR de los ejércitos, llena está toda la tierra de su gloria". / Y se estremecieron los cimientos de los umbrales a la voz del que clamaba, y la casa se llenó de humo. / Entonces dije: "¡Ay de mí! Porque perdido estoy, pues soy hombre de labios inmundos y en medio de un pueblo de labios inmundos habito, porque han visto mis ojos al Rey, el SEÑOR de los ejércitos. / Entonces voló hacia mí uno de los serafines con un carbón encendido en su mano, que había tomado del altar con las tenazas; / y con él tocó mi boca, y dijo: He aquí, esto ha tocado tus labios, y es quitada tu iniquidad y perdonado tu pecado." (Isaías 6:1–7)

Un serafín (en hebreo, "un ser ardiente") es un ángel de alto rango, un protector del trono de Dios con muchas alas. La visión de Isaías es la primera y única mención directa en la Biblia, aunque hay pistas de la presencia continua de los serafines en el libro y menciones directas adicionales en Los manuscritos del Mar Muerto y otros documentos relacionados.

El simbolismo es poderoso aquí: un serafín le pone un carbón caliente sobre su boca, sin embargo Isaías no menciona el dolor. Lo que se está quemando no es su piel sino su iniquidad.

Un ángel ayuda a que los padres de Jesús permanezcan juntos (Mateo 1:20)

Y el nacimiento de Jesucristo fue como sigue. Estando su madre María desposada con José, antes de que se consumara el matrimonio, se halló que había concebido por obra del Espíritu Santo. / Y José su marido, siendo un hombre justo y no queriendo difamarla, quiso abandonarla en secreto. / Pero mientras pensaba en esto, he aquí que se le apareció en sueños un ángel del Señor, diciendo: "José, hijo de David, no temas recibir a María tu mujer, porque lo que se ha engendrado en ella es del Espíritu Santo. / Y dará a luz un hijo, y le pondrás por nombre Jesús, porque Él salvará a su pueblo de sus pecados" ... / Y cuando despertó José del sueño, hizo como el ángel del Señor le había mandado, y tomó consigo a su mujer; / y la conservó virgen hasta que dio a luz un hijo; y le puso por nombre Jesús. (Mateo 1:18–25).

El Nuevo Testamento comienza con el nacimiento de Jesús. El famoso embarazo milagroso casi termina la relación de María y José —lo cual no

es sorprendente dado que todavía no habían consumado su matrimonio—
pero un ángel visitó a José y le dio un mensaje sobre el futuro.

La inmaculada Concepción muchas veces es utilizada para describir cualquier embarazo sin acto sexual o intervención, pero el término, estrictamente hablando, solo se aplica al nacimiento de Jesús —por ende la
mayúscula inicial de "Concepción".

La visita de un ángel (Hechos 10:3)

Había en Cesárea un hombre llamado Cornelio, centurión de la cohorte llamada la Italiana, / piadoso y temeroso de Dios con toda su casa, que daba
muchas limosnas al pueblo judío y oraba a Dios continuamente. / Como
a la hora novena del día, vio claramente en una visión a un ángel de Dios
que entraba a donde él estaba y le decía: "Cornelio". / Mirándolo fijamente y
atemorizado, Cornelio dijo: "¿Qué quieres, Señor?". Y él le dijo: "Tus oraciones y limosnas han ascendido como memorial delante de Dios. / Despacha
ahora algunos hombres a Jope, y manda traer a un hombre llamado Simón,
que también se llama Pedro. / Este se hospeda con un curtidor llamado
Simón, cuya casa está junto al mar. / Y después que el ángel que le hablaba
se había ido, Cornelio llamó a dos de los criados y a un soldado piadoso de
los que constantemente le servían, / y después de explicarles todo, los envió
a Jope. (Hechos 10:1–8)

Los ángeles visitaron a varios profetas importantes y sus líderes en la Biblia, y Cornelio tuvo una experiencia prototípica: una visita con un mensaje
directo o una orden de Dios. Sin embargo, como lo discutiremos más adelante en este libro, no es necesario un mensaje divino de Dios para llamar a
los ángeles —los podemos llamar cada vez que los necesitemos. Los ángeles
pueden visitarnos de varias maneras, incluyendo por medio de la vista y el
sonido. Explicamos las diferentes formas de comunicación en el capítulo 7.

Los ángeles salvan a Pedro de la cárcel y una posible ejecución (Hechos 12:7)

Así pues, Pedro era custodiado en la cárcel, pero la iglesia hacía oración
ferviente a Dios por él. / Y esa noche, cuando Herodes estaba a punto de
sacarlo, Pedro estaba durmiendo entre dos soldados, sujeto con dos

cadenas; y unos guardias delante de la puerta custodiaban la cárcel. / Y he aquí, se le apareció un ángel del Señor, y una luz brilló en la celda; y el ángel tocó a Pedro en el costado, y lo despertó diciendo: "Levántate pronto". Y las cadenas cayeron de sus manos. / Y el ángel le dijo: "Vístete y ponte las sanda-lias". Y así lo hizo. Y le dijo el ángel: "Envuélvete en tu manto y sígueme". / Y saliendo, lo seguía, y no sabía que lo que hacía el ángel era de verdad, sino que creía ver una visión. / Cuando habían pasado la primera y la segunda guardia, llegaron a la puerta de hierro que conduce a la ciudad, la cual se les abrió por sí misma; y salieron y siguieron por una calle, y enseguida el ángel se apartó de él. / Cuando Pedro volvió en sí, dijo: "Ahora sé en verdad que el Señor ha enviado a su ángel, y me ha rescatado de la mano de Herodes y de todo lo que esperaba el pueblo de los judíos". (Hechos 12:5–11)

A diferencia de los humanos, los ángeles no están limitados por el tiempo, el espacio y otras limitaciones físicas básicas. Bajo la orden de Dios, el ángel salvó a Pedro de la prosecución. Más adelante en este capítulo, cuando María le dice a la gente del pueblo que Pedro está fuera de la cárcel, no creen que haya podido sobrevivir esa terrible experiencia solo. Ellos gritan: "¡Debe ser su ángel!".

El Arcángel Rafael llega disfrazado para sanar a Tobit (Tobit 12:15)

"Yo soy Rafael, uno de los siete ángeles que están al servicio del Señor y que pueden entrar ante su presencia gloriosa... Den gracias ahora al Señor de la tierra, alaben a Dios. Yo voy a subir a Dios, que me envió. Pongan por escrito todo lo que les ha sucedido. / Y se elevó. / Ellos se levantaron y no lo pudieron ver más. / Entonces comenzaron a dar gracias a Dios y a alabarlo por sus maravillas: ¡un ángel de Dios se les había aparecido! (Tobit 12:15–22)

Conocido como el sanador de los arcángeles, el Arcángel Rafael visitó a Tobit y su hijo Tobías. Tobit quedó ciego en un accidente extraño y envió a Tobías al viaje, disfrazado de compañero viajero israelí. Con la ayuda del Arcángel Rafael, Tobías ayudó a su padre y, luego de revelar su identidad, el Arcángel Rafael sanó la vista de Tobit.

El Arcángel Miguel va a la batalla (Apocalipsis 12:7)

"Entonces apareció otra señal en el cielo: he aquí, un gran dragón rojo que tenía siete cabezas y diez cuernos, y sobre sus cabezas había siete diademas. … Entonces hubo guerra en el cielo: Miguel y sus ángeles combatieron contra el dragón…". (Apocalipsis 12:3–7)

Como último libro de la Biblia, *Apocalipsis* es la visión de tal hecho en la Tierra: el comienzo del fin. El dragón representa el mal, y no hay mejor ángel que el Arcángel Miguel, guerrero del bien, para luchar contra las tinieblas.

Definición

Apocalipsis es una profecía de una guerra o desastre devastador. También puede significar el evento en sí.

El arcángel juntó a su banda de ángeles guerreros y despachó al monstruo que lanza fuego por la boca y su ejército en un verso. Teniendo en cuenta que esto va en contra de la locuacidad normal de los autores de la Biblia, podemos asumir que esa lucha fue bien corta.

¿Quiénes son los arcángeles?

Como se ha demostrado en la Biblia, los arcángeles son las superestrellas del universo angelical —bueno, al menos así es como los comprendemos nosotros. Mucha gente ve a los ángeles como seres sin nombres que nos ayudan en la vida, pero hasta los humanos menos conscientes han escuchado hablar de los arcángeles, en particular del Arcángel Miguel y el Arcángel Gabriel, las estrellas principales dentro de nuestra cultura antigua y la popular moderna. Los otros dos más conocidos son el Arcángel Rafael y el Arcángel Uriel. Y no creas que estos son los únicos arcángeles —hay demasiados como para mencionarlos todos en este capítulo.

Todos los ángeles son especiales, pero los arcángeles son realmente extraordinarios, hasta entre el hermoso coro angelical que pasea por la Tierra y el más allá.

Los arcángeles tienen varias metas específicas, entre otras...

- La administración de ángeles.

- La paz mundial.

- Andar de trotamundos.

La administración de ángeles

A los ángeles muchas veces los agrupan juntos, particularmente en la cultura popular, pero hay un jerarquía definitiva —al final, ¡un montón de ángeles deambulando independientemente por ahí no lograrían mucho!

Si el mundo espiritual fuera un negocio, los arcángeles serían los organizadores en la oficina —ayudando a que el trabajo funcione sin complicaciones y eficientemente, despachando gente como fuera necesario, brindando conocimiento que proviene de los de más arriba y entrando en acción cuando el reto es demasiado grande para los empleados regulares.

Quizá más que cualquier otro ángel, los arcángeles son los que están más cerca de la voluntad de Dios. Son considerados los mensajeros más importantes de Dios.

La paz mundial

Aquí en la Tierra, todos —desde los políticos hasta las concursantes de un concurso de belleza— dicen que su meta es crear paz en el mundo. Como seres espirituales, los arcángeles tienen el poder y la voluntad para hacer de esto una realidad.

Sin embargo, su meta principal no es hacerlo por su cuenta, sino motivar a que *nosotros los humanos* creemos un mundo pacífico aquí en la Tierra. Los arcángeles utilizan una persuasión suave —o, dependiendo de su personalidad, firme— para que comencemos en la dirección correcta o mantenernos encaminados.

Los arcángeles se especializan en crear cambios de *paradigma,* aquellos momentos definitivos en nuestras vidas donde hay un "antes" y un "después". Las oportunidades de crecimiento nos abren los ojos a nuevas posibilidades de tal manera que no podemos volver a nuestra forma de pensar previa. Sin embargo, como ocurre con todos los ángeles, no te ayudarán a ajustar tu vida sin que tú, de alguna modo, se lo pidas.

Un *paradigma* es un esquema de ideas o reglas con el cual trabaja la gente. Un cambio de paradigma es un gran evento que cambia estas ideas o reglas.

Andar de trotamundos

Hambre. Guerra. Pobreza. Siempre parece haber una crisis o un desafío y gente alrededor del mundo que la están pasando mucho más duro que nosotros en nuestras vidas. Como resultado, puede que nos sintamos culpables al "sacarle" la atención de los arcángeles a los más necesitados.

Pero la verdad es que los arcángeles nunca le quitan a uno para darle al otro. Los arcángeles no están limitados por el tiempo ni el espacio, por ende tienen la habilidad de apoyar, ayudar y amar a muchas personas, todas a la vez. Su amor es infinito.

Los arcángeles

No son humanos, pero los siete arcángeles difieren enormemente en cuanto a personalidad y propósito:

El Arcángel Miguel —el defensor y protector. Miguel ayuda a inspirar valor, valentía y fuerza, y protege a los débiles.

El Arcángel Gabriel —el mensajero. Gabriel comunica el amor del poder superior, entregando paz interna.

El Arcángel Rafael —el sanador. Rafael sana tanto a los humanos como a los animales de las adicciones y la salud mala.

El Arcángel Uriel —el filántropo. Uriel asiste a los sobrevivientes de una crisis de corazón, mente o cuerpo, y los ayuda a solucionar lo que parecen ser problemas y contratiempos insuperables.

El Arcángel Chamuel —el corazón compasivo. Chamuel le brinda a la gente el poder para perdonar, forjar relaciones fuertes y dejar ir a la amargura con amor.

El Arcángel Jofiel —el iluminador. Jofiel nos ayuda a mantener una mente abierta, en busca constante de la sabiduría y el crecimiento.

El Arcángel Zadkiel —el diplomático. Zadkiel provee objetividad, permitiendo que la gente sea menos mezquina y comprenda su conexión con los demás y el resto del universo.

Analicemos estos arcángeles en detalle.

Los arcángeles casi siempre son representados como hombres jóvenes —quizá por su virilidad y fuerza—, ¡pero recuerda que nunca han sido humanos! Son pura energía y muchos milenios de "edad".

El Arcángel Miguel

Su servicio: Servir y proteger a la Tierra y a los seres que la habitan.

El Arcángel Miguel es, de lejos, uno de los arcángeles más conocidos y es considerado el mejor de todos los ángeles por el cristianismo, el judaísmo e Islam. Un espíritu alto y poderoso, su meta es inspirar valor, valentía y fuerza en la gente. Su adversario principal es el miedo.

El nombre del Arcángel Miguel significa literalmente "Él quien es como Dios", así que sabes que este ángel hay que tomarlo en serio. Un guerrero apasionado por el bien y por Dios, el Arcángel Miguel en general está representado con una armadura medieval y una larga espada en mano. Esto no necesariamente indica violencia. En la iconografía clásica, las espadas simbolizan el poder del conocimiento y la capacidad de cortar con emociones negativas que distraen la atención para encontrar la pura verdad. Su propósito es servir de escolta o mensajero, ayudándonos a navegar nuestros miedos y reconectarnos con la esencia de Dios.

Aparte de inspirar a otros, el Arcángel Miguel sirve de protector cuando estamos demasiado débiles o no somos capaces de protegernos solos. Sobre su espalda yace una capa azul, una representación física de su naturaleza protectora. A menudo lo describen como un hombre joven, despampanante y fuerte, con rasgos musculosos pronunciados y ojos que parecen focos de fuego. En la Biblia, describen su piel como el "color del cobre que irradia y resplandece por estar ante la presencia de Dios".

El Arcángel Miguel está relacionado a la honestidad, la verdad y el yo auténtico. Te guía para que comprendas realmente quién eres y sirve humildemente como un chispa de luz directa de Dios. Nos habilita con la verdad para conocer a nuestro yo y espíritu más alto, así como, quizá lo más importante, reconocer nuestro lado oscuro para librarnos de él.

El Arcángel Miguel comprende tanto la oscuridad como la luz, por eso se especializa en traer a las almas perdidas de vuelta a Dios. Sin embargo, para el Arcángel Miguel no se trata de juzgar, ya que él entiende y quiere que aceptemos tanto lo bueno como lo malo en nuestras vidas. Al aceptar nuestros conflictos internos, se nos hace más fácil perdonarnos a nosotros mismos y a otros por a veces no llegar a tener buenas intenciones.

El Arcángel Miguel alienta a que la gente...

- Encuentre un propósito y tome acción.

- Sea honesta y valiente.

- Establezca límites.

- Encuentre o redescubra la fe.

- Sea decisiva.

El Arcángel Miguel está relacionado con el color azul marino y la dirección sur.

El Arcángel Gabriel

Su servicio: Ofrecer orientación en la vida y misión de uno, ayudando a purificar emociones y creencias negativas.

Como líder espiritual de los arcángeles, el Arcángel Gabriel tiene un nombre que significa "Dios es mi fuerza". El Arcángel Gabriel ayuda a la gente encontrar y mantener su fe, específicamente en su hora más oscura. Nos recuerda que Dios está siempre presente. Es como si envolviera a aquellos que lo llaman en una cobija blanca de pureza que sana y consuela.

El Arcángel Gabriel es el ángel de la fertilidad, el que nos bendice con la capacidad de dar vida. Sin embargo, el nacimiento —o renacimiento— no necesita ser literal, ya que el Arcángel Gabriel no solo representa el embarazo y la concepción de nuevos seres, sino la fertilización y concepción de nuevas ideas y formas de pensar. Los arcángeles pueden ayudar a crear un renacimiento espiritual o, a un nivel más prosaico, una reapertura de las líneas de comunicación entre la gente. El renacimiento simbólico del Arcángel Gabriel también representa una renovación de la inocencia y el hecho de dejar ir a la amargura del pasado.

La clave para que los humanos creen la paz mundial —la orden del día principal de los arcángeles— es la comunicación clara y tener fe, y el Arcángel Gabriel ayuda a facilitar todos los modos de comunicación. Sirviendo como una especie de musa, al Arcángel Gabriel se lo puede llamar para dar inspiración y para ayudar a crear la conexión entre tú y tu motivación —esencialmente abriendo los canales de comunicación entre tú y Dios.

La *sincronización* positiva también está bajo el dominio de Gabriel. Un encuentro al azar que te cambia la vida, una palabra "extraviada" que crea un diálogo positivo o un evento casual que quita obstáculos del camino pueden ocurrir cuando llamas al Arcángel Gabriel. En esos momentos graciosos de la vida, Dios parece estar guiñándote el ojo.

El Arcángel Gabriel es un ángel de consuelo. Puro espíritu, el Arcángel elimina las emociones negativas y crea un aire poderoso de tranquilidad donde sea que este.

Definición

La *sincronización* ocurre cuando acontecimientos separados trabajan juntos. Los resultados en general son positivos.

El Arcángel Gabriel alienta a que la gente...

- Encuentre un camino espiritual.
- Cree un plan de vida y un propósito.
- Construya disciplina y orden.
- Venza el desaliento.

- Abra las líneas de comunicación.
- Encuentre la inocencia nuevamente.

El Arcángel Gabriel está relacionado con el color blanco y la dirección oeste.

Arcángel Rafael

Su servicio: Sanar a la Tierra y todo lo que la habita.

El Arcángel Rafael significa "Dios sana", y él está a la altura de su nombre al promover la salud, la riqueza y el equilibrio entre los humanos. Representa el balance interno y externo, ya que su providencia incluye adicciones dañinas y antojos malsanos.

A menudo se asume que la intención de un ángel es bajar a salvarnos del peligro, y aunque un ángel nos protegerá, muchas veces su meta principal es brindarnos el poder para salvarnos a nosotros mismos. El Arcángel Rafael no es una excepción: él nos enseña que nos podemos curar de la adicción, la mala salud y la negatividad con el poder de Dios que llevamos adentro. Dios sana, pero el Arcángel Rafael nos enseña que la sanación viene de adentro, no de otros.

El conocimiento sanador del Arcángel Rafael no está limitado a los humanos, ya que él también ayuda a proteger y amar a todo tipo de animal. En hebreo, *Rapha* significa doctor o sanador.

iluminaciones

El Arcángel Rafael también es el arcángel de los viajes. A él se le debe agradecer un viaje pacífico y seguro.

El Arcángel Rafael protege y sirve a todos los líderes terrenales importantes, incluyendo a los doctores, veterinarios y los profesionales holísticos. También es el patrón de las artes científicas, como la matemática y la medicina, lo cual tiene sentido porque los sistemas lógicos y empíricos son igual de necesarios a la fe para sanar aquí en la Tierra. En última instancia, él representa al corazón y la mente.

El Arcángel Rafael es un ángel de balance. Sabe la conexión entre el balance y la paz interna, y anima el equilibrio entre la mente, el cuerpo y el alma.

El Arcángel Rafael alienta a que la gente...

- Sane y renueve su cuerpo, mente, alma y espíritu.

- Estudie ciencia, música y otras disciplinas lógicas.

- Construya puentes entre los enemigos.

- Se proteja.

- Cree una vida balanceada.

El Arcángel Rafael está relacionado con el color verde esmeralda y la dirección este.

Arcángel Uriel

Su servicio: Crear paz y aliviar al conflicto.

El Arcángel Uriel lleva el nombre "la luz de Dios" y representa a la *filantropía,* promoviendo y enseñando el amor hacia el prójimo. Uriel también significa "Fuego de Dios". El fuego tradicionalmente se relaciona con la evolución y el conocimiento poderoso.

Definición

La *filantropía* puede significar la buena voluntad hacia los demás o, literalmente, dar un regalo o contribución a alguien necesitado.

La filantropía a menudo se interpreta como una persona al estilo Bill Gates o Warren Buffet descargando millones de dólares de caridad, lo cual en general ni lo sentirán en sus cuentas bancarias multimillonarias. Sin embargo, no tenemos que donar dinero, ya que quizá seamos rico en conocimiento, sabios de la vida o rebosantes de amor. El Arcángel Uriel nos enseña a repartir lo que tengamos a los necesitados. A través del Arcángel Uriel, recordamos que la mayoría de los problemas del mundo se pueden resolver si todos dieran lo posible —y esa verdadera felicidad solo se encuentra en aquellos que ayudan a los demás.

No es casualidad que el Arcángel Uriel nos ayude a comprender mejor al mundo material. Por supuesto, tu ropa y tu casa son necesarias para protegerte del peligro, pero comprar una gran televisión en general no anima a tu crecimiento espiritual. Utilizando sus ojos sabios, Uriel nos ayuda a separar lo necesario de lo superficial.

El Arcángel Uriel es un ángel de servicio. Él sabe que ese servicio hacia los demás es lo que trae la verdadera riqueza, las verdaderas recompensas y la verdadera paz interna.

El Arcángel Uriel alienta a que la gente...

- Cree la paz con los demás.

- Humildemente sirva a sus prójimos.

- Vea más allá del mundo material.

- Sea leal a las causas que valen la pena.

El Arcángel Uriel está relacionado con el color rojo rubí y la dirección norte.

Arcángel Chamuel

Su servicio: Desarrollar un sentido consciente de agradecimiento a la fuente y expandir el amor dentro del corazón de uno para incluir a los demás.

Antes de poder lograr la paz mundial, la gente debe tener la capacidad para relacionarse con las situaciones únicas de los demás. El nombre del Arcángel Chamuel significa "Aquel que ve a Dios", y este arcángel ayuda a que la gente vea a Dios, o al ser superior, dentro de todas las personas —hasta en su peor enemigo. El Arcángel Chamuel también es el ángel del amor propio, ¡ya que tu peor enemigo puedes ser tú!

A un nivel microcósmico, el Arcángel Chamuel puede ayudar a facilitar la conexión entre dos individuos, ya sean socios, compañeros políticos o una relación romántica. Él es el campeón de las almas gemelas —dos individuos que están destinados a estar juntos— y ayudará a crear oportunidades para que se conozcan y se mantengan conectadas.

El Arcángel Chamuel es un ángel de la empatía. La tranquilidad y la fuerza solo llegan cuando logras ponerte en los zapatos del otro. El Arcángel Chamuel nos ayuda a comprender la empatía y liberar las emociones que nos pesan en nuestros corazones.

El Arcángel Chamuel alienta a que la gente...

- Sane las relaciones dañadas.

- Cree nuevas amistades y relaciones.

- Navegue los malos entendidos y la falta de comunicación.

- Sobreponerse ante las discusiones insignificantes.

- Amar incondicionalmente.

El Arcángel Chamuel está relacionado con el color rosa.

¿Te diste cuenta que el Arcángel Chamuel no rige una dirección en particular? Solo los cuatro arcángeles más conocidos rigen una dirección: el Arcángel Miguel rige el sur, el Arcángel Gabriel rige el oeste, el Arcángel Rafael rige el este y el Arcángel Uriel rige el norte.

Arcángel Jofiel

Su servicio: Comprender una verdad superior y traer un propósito superior y creatividad a tu vida.

El dicho "Cuánto más aprendí, más me di cuenta que no sabía" podría ser un axioma del Arcángel Jofiel. El es el máximo profesor de la vida, enseñándole a la gente a tener una mentalidad abierta y ser sabia al tomar decisiones. El inspira tanto a los maestros como a los estudiantes. El Arcángel Jofiel puede ser llamado no solo por maestros tradicionales y estudiantes, sino por cualquiera que este en una situación como mentor o aprendiz.

Con un nombre que significa "La belleza de Dios", el Arcángel Jofiel también ayuda a artistas en busca de una inspiración creativa. El trabajo de Dios está por todas partes, pero requiere un ojo sensible y fresco para reconocerlo. El arcángel nos ayuda a librarnos del pasado innecesario y cualquier cosa que puede estar bloqueando nuestro crecimiento creativo y espiritual.

El Arcángel Jofiel es un ángel del descubrimiento. El Arcángel Jofiel nos anima a que continuemos creciendo y aprendiendo, así cultivamos el deseo de vivir y aprender con cada día nuevo. Las *epifanías* son su fuerte.

Definición

La *epifanía* es una perspicacia aparentemente repentina que cambia la comprensión que uno tiene sobre la vida o una situación específica.

El Arcángel Jofiel alienta a que la gente...

- Aprenda del pasado.

- Abra su mente a nuevas maneras de pensar.

- Busque la iluminación espiritual.

- Sane al planeta.

- Se comprenda mejor a sí mismo.

El Arcángel Jofiel está relacionado con el color dorado.

Arcángel Zadkiel

Su servicio: Diluir y convertir energías bajas y ayudar a la humanidad a encontrar el perdón, la diplomacia y la tolerancia.

Zadkiel, o "la rectitud de Dios", es el arcángel diplomático. Toda relación requiere tomar y dar, perdida y ganancia, y sacrificio y beneficio. Zadkiel nos enseña a respetar las idas y venidas de las relaciones y que una pérdida a corto plazo para uno puede valer la pena como ganancia a largo plazo para todos.

Para valorar a la humanidad, no obstante, uno primero debe valorar a los individuos, y Zadkiel nos inspira a respetar a nuestros hermanos y hermanas sin importar cuán diferentes o radicales pueden parecer sus puntos de vistas. Todos estamos conectados por el amor de Dios. Cuando nos damos cuenta de eso, es mucho más fácil ser tolerante y diplomático.

El Arcángel Zadkiel es un ángel del enfoque —se enfoca en el panorama general. No se trata de ahogarse en un vaso de agua; somos todos humanos, independientemente de cuán diferentes podemos vernos a nivel superficial. Todos necesitamos amor y todos necesitamos estar conectados, particularmente si se va a lograr la paz mundial.

El Arcángel Zadkiel alienta a que la gente...

- Tolere las diferencias.

- No sea mezquina ni vengativa.

- Cultive la unidad entre diferentes credos.

- Haga lo mejor para el todo, no solo para uno.

El Arcángel Zadkiel está relacionado con el color violeta.

Puntos esenciales

- Los ángeles aparecen mencionados por primera vez en el Génesis como los guardianes de Edén.

- Los ángeles visitan a los profetas de varias maneras, aunque en general están entregando un mensaje de Dios.

- Los serafines y querubines son ángeles de alto rango que de vez en cuando aparecen en la Biblia.

- Los arcángeles son los organizadores de los otros ángeles sobre la Tierra.

- Hay un sinnúmero de arcángeles, pero siete de ellos son los más conocidos. Cada uno tiene un propósito diferente.

Mensajes de los ángeles

¡Llegó la hora de comunicarse! La segunda parte enseña las técnicas necesarias para conectar con los ángeles y recomienda maneras de traer su energía más adentro de tu vida. El reino espiritual puede ser confuso, por eso también te brindamos herramientas para distinguir entre la orientación angelical verdadera y la comunicación falsa. En esta parte, también aprenderás sobre el lenguaje de los ángeles.

capítulo 4

Conoce al Equipo de Apoyo Espiritual

¿Qué es el Equipo de Apoyo Espiritual?

¿Cómo se diferencia este grupo de los ángeles?

¿Cómo se conecta la vida después de la muerte con los seres queridos?

¿Cómo conoces mejor a los guías espirituales?

¿Cómo te conectas con los espíritus de la naturaleza?

Para los primerizos, cualquier espíritu influenciando sus vidas puede ser un ángel. Al fin y al cabo, hay un sinnúmero de ángeles deambulando por la Tierra, ¿por qué un espíritu *no podría ser* un ángel?

Sin embargo, hay espíritus que están marcando una diferencia en tu vida y son igual de serviciales y cariñosos que los ángeles.

Es hora de que conozcas al Equipo de Apoyo Espiritual.

¿Qué es el Equipo de Apoyo Espiritual?

Los ángeles hacen bastante trabajo en nuestras vidas, pero no son los únicos defensores del mundo espiritual. El Equipo de Apoyo Espiritual es diferente de los ángeles, pero tiene metas similares.

Quién es quién en el equipo

Hay tres grupos dentro del Equipo de Apoyo Espiritual:

- Las guías espirituales
- Los seres queridos difuntos
- Los espíritus de la naturaleza

¿Cómo se diferencia de los ángeles?

Los ángeles son seres antiguos que nunca han sido humanos. Por otro lado, los dos grupos dentro del Equipo de Apoyo Espiritual —las guías espirituales y los seres queridos difuntos— en realidad alguna vez fueron humanos. Los espíritus de la naturaleza, sin embargo, siempre han sido eso: solo espíritus.

El propósito del equipo

El Equipo de Apoyo Espiritual quiere que estés a la altura de tu potencial espiritual máximo aquí en la Tierra:

- Las guías espirituales sirven como mentores sabios y avezados.
- Los seres queridos difuntos te guían como lo haría un familiar o amigo cercano.
- Los espíritus de la naturaleza nos ayudan a comprender y respetar a la Madre Tierra.

Cuando interviene el equipo

El Equipo de Apoyo Espiritual está ahí cuando lo llamamos, pero, al igual que los ángeles, casi nunca interviene sin que nosotros lo dejemos entrar. Lo debemos llamar para recibir su apoyo total.

Más adelante en este capítulo, entramos en detalle sobre cómo aparecen los diferentes miembros, por qué aparecen y qué esperar.

A pesar de la percepción popular, hablar con los espíritus en realidad es una experiencia simple y enfocada —nada de los recuerdos borrosos, y nada de "desmayos". Es, literalmente, como recibir un mensaje de un amigo, claro y conciso. No será similar a un sueño porque recordarás todo lo ocurrido y todo lo dicho.

Las guías espirituales

Las guías espirituales son quizá la versión más mencionada de los seres superiores en las películas, la televisión y la cultura popular moderna porque, alguna vez, ellos fueron humanos como nosotros. Las guías espirituales nos ayudan a alcanzar el próximo nivel de logros, sean una comprensión espiritual superior, una realización artística nueva u otra etapa en nuestra carrera.

A diferencia de los ángeles, las guías espirituales aparecen solo cuando es necesario. Piensa en ellas cómo guardianes provisionales: vienen durante una etapa específica, una crisis o un reto en tu vida; se aseguran de que estés bien; y luego te dejan mejor con la visita. Sin embargo, debemos estar abiertos a su presencia e invitarlos a nuestras vidas antes de que puedan intervenir por nosotros y trabajar activamente para mejorar nuestras situaciones.

Las guías espirituales respetan tu libre albedrío, así que tienes control absoluto sobre si quieres escuchar el mensaje o no. La orientación no será forzada, pero están felices de ofrecer consejos suaves y perspicacia, como un mentor sabio.

¿Te diste cuenta que no pusimos al Equipo de Apoyo Espiritual bajo la categoría de los ángeles? ¡Eso es porque no son ángeles! Los ángeles son seres superiores que te guían desde arriba. Las guías espirituales y los seres queridos difuntos son antiguos humanos que te están ayudando a través de tu camino. Sin embargo, su impacto e importancia son iguales a los de los seres superiores.

Eso no quieres decir que las guías espirituales son impersonales. De hecho, las guías espirituales pueden llegar a ser los espíritus serviciales con los que mejor nos podemos relacionar.

Todas las guías espirituales alguna vez fueron humanos, y algunas hasta pueden haber pasado tiempo contigo en vidas pasadas. Al haber sido humanos, tienen una comprensión sobre los retos, las tentaciones y las limitaciones de vivir aquí en la Tierra. Están asignados específicamente a aquellos que más se pueden beneficiar de sus propias experiencias terrenales y espirituales, por ende, tus guías espirituales están hechas a medida para tus necesidades. Una mujer con una discapacidad de aprendizaje puede recibir ayuda de dos guías espirituales que vivieron una vida larga y fructífera con sus propias limitaciones, o un joven adicto a las drogas puede ser protegido por una guía espiritual a quien se le acabó la vida demasiado temprano a causa de la adicción. Han vivido el principio, medio, final y comienzo nuevo, y están aquí para ayudarte a través del proceso como te sea necesario.

Introducción a LOS Ángeles

Considera que tu guía espiritual es un mentor —un profesional avezado que ya ha pasado por lo que estás viviendo y, por su conocimiento de un poder superior, te puede ayudar a equiparte con las herramientas necesarias para los obstáculos y retos que enfrentarás en el futuro.

Vienen en muchas formas

Aunque las guías espirituales fueron humanos, aparecen con la forma que será más receptiva para ti. Pueden ser de cualquier nacionalidad, vestirse a la moda de una era en particular y presentarse como lo eran la última vez que estuvieron sobre la Tierra. Tienen sus propias personalidades definidas.

Alguna gente percibe a sus guías espirituales como una luz cálida, su resplandor protector enseñándoles el camino. Otros escuchan a sus guías espirituales, quizá como una campana sonando a la distancia diciéndoles que todo estará bien. Y pueden ser tan concretos como ver la imagen de una persona. Sin importar en qué forma aparecen, las guías espirituales están resueltas a ayudarte cuando lo necesites.

Historia personal

Las guías espirituales pueden parecer amigos que has perdido de vista. Parte de esto es porque están familiarizados contigo: tu historia, tus vidas pasadas, tu propósito fundamental y tus *contratos espirituales*. Hay cierta intimidad con las guías espirituales, como si supieran tu camino antes de que siquiera tú lo sepas.

Los *contratos espirituales* son acuerdos que has hecho con otros individuos antes de llegar a la Tierra para enseñar, amar y guiarse entre sí. Por ejemplo, en esta vida tu mejor amigo te puede ayudar a organizarte, mientras que tú puedes ayudarla a ser más divertida y espontánea. Esos papeles ya fueron decididos y acordados por ambos antes de que nacieran en la Tierra. Los contratos espirituales se pueden aplicar a novios, esposas o hasta tu jefe. Todo depende de la profundidad de tu relación y la conexión kármica entre tú y el otro individuo.

Una visita espiritual

Los estudios espirituales pueden ser gratificantes, ¡pero cualquier crecimiento es trabajo duro! Temprano en su trabajo de maestra espiritual, Cecily se abrumó un poco y, honestamente, postergó tomar los siguientes pasos en su desarrollo espiritual. Esto no tenía que ser.

Las maestra espiritual Sonia Choquette estima que la persona promedia tiene treinta y tres guías espirituales a través de una vida. Entran a nuestras vidas cuando las necesitamos.

Al despertarse de la siesta una tarde, Cecily vio una mujer tribal africana, fuerte y hermosa, con una gran lanza a su lado. "¡Despiértate!", dijo la mujer. "¡Tienes mucho trabajo por hacer!".

Ella le dijo a Cecily que era una de sus guías espirituales. La habían mandado para motivarla, para reencaminarla en el trabajo que vino a hacer en la Tierra. Su nombre era Nabila.

Nabila dijo que era una sacerdotisa de Zambia y una experta en motivar a los demás con su presencia fuerte y su energía disciplinada. Cecily la llama una sargenta de instrucción llena de amor. Y hasta el día de hoy, Cecily sabe que puede llamar a Nabila para ese empujoncito extra cuando se está sintiendo satisfecha consigo misma o insegura.

Al igual que con los ángeles, las guías espirituales están más que contentas de poder ayudarte en tu camino.

Seres queridos difuntos

En algunos casos, son en realidad tus seres queridos difuntos los que te están ayudando en tu viaje. Después de todo, ¿quién te podría conocer mejor? Algunos deliberadamente escogen volver a la Tierra para ayudar a sus seres queridos.

Cuando una persona fallece, a él o ella le dan la oportunidad de servir a otros y expandir su conciencia espiritual. Una de las opciones es ayudar a proteger y guiar a seres queridos vivientes que han dejado atrás al morir. No te asustes: ¡los seres queridos difuntos no son fantasmas! Los fantasmas en general son espíritus terrestres inofensivos atascados entre la Tierra y la vida después de la muerte, mientras que los seres queridos difuntos vuelven deliberadamente, luego de la vida después de la muerte, para ayudarte en tu viaje.

A diferencia de los ángeles, estos espíritus no son extraordinarios —sus puntos de vista, experiencias y personalidades no difieren de lo que eran cuando estaban vivos. Cuando mueren, se transforman en seres de luz y ya no se encuentran atrapados por la negatividad de la Tierra. (¡Nos imaginamos que debe ser una experiencia muy reconfortante!). Luego se les otorga una elección —el libre albedrío de volver a la Tierra y ayudar a sus seres queridos. Como espíritus, pueden elegir presentarse de la mejor forma, casi como si su mejores rasgos en la Tierra se destilaron para crear un ser maravilloso. Dicho esto, no se vuelven automáticamente seres superiores como los santos, ángeles o *Maestros Ascendidos*.

Definición

Los *Maestros Ascendidos* son seres espirituales iluminados que sobresalieron aquí en la Tierra y se han reconectado con Dios. Como verdaderos maestros de la humanidad, su meta es ascender nuestra evolución espiritual. Algunos ejemplos incluyen a Buda, Kwan Yin, y Jesús.

Son iguales que antes

Los seres queridos difuntos retienen su personalidad humana, por lo que su ayuda es solo una extensión de su papel sobre la Tierra. A tu difunto tío Charlie, quien siempre fue un gran cocinero, puede valer la pena llamarlo cuando por primera vez eres el anfitrión del Día de Acción de Gracias. Lo opuesto también es verdad: Si Charlie tenía coladores en lugar de bolsillos, no lo llames para consejos financieros.

Aparte de estar en un clima espiritual superior, los seres queridos difuntos en general son iguales a como lo eran sobre la Tierra. Si tu primo Richard era sensible y cálido, así será al volver. Si tu tía Jackie era una bromista, pues, no esperes que la mayoría de sus visitas conlleven un tono serio.

Los seres queridos difuntos, parecido a las guías espirituales, se pueden especializar para brindar ayuda en retos de vida específicos o estudios particulares. Si los arcángeles ayudan dentro del panorama grande, los seres queridos difuntos están ahí para ayudarnos a atravesar cada lección que se nos presenta.

consejos celestiales

El Equipo de Apoyo Espiritual no actúa como voyerista, contemplando cada uno de tus pasos. Al contrario, bajan a ayudarte cuando lo necesitas y luego te dejan ser.

Visitas agradables

Cecily ha tenido varios momentos con seres queridos difuntos. Hace unos años, estaba subiéndose a un taxi afuera de un hospital donde estaba internada su madre. Las lágrimas se le escurrían por la cara, la salud de su madre iba en declive rápido y la situación era casi insoportable. Se sentía sola. Mientras miraba por la ventana del taxi con nostalgia, sonó el celular del conductor. El tono de llamada era la canción preferida de su difunto padre. Dio la casualidad que el conductor dejó sonar el teléfono, y mientras tanto Cecily estaba ahí sentada sonriendo —sabía que su padre se había asegurado de que se subiera al taxi justo, en el momento justo, para que pudiera recibir ese mensaje. Sabía que era su señal del otro lado —una señal que siempre estuvo ahí con ella a través de aquel camino.

En otra instancia, Cecily se fue a la cama una noche y vio la cara de un familiar difunto. Su cabeza resplandecía con una luz blanca vibrante. Le envió un mensaje, una visión de una mujer doblada en su cama tosiendo sin parar. La tos le repiqueteo en los oídos. "Diles a mis hermanas que cuiden sus pulmones durante el invierno", dijo el hombre. En el invierno, la primera hermana fue diagnosticada con una enfermedad seria del pulmón, y en el siguiente invierno, a la segunda hermana le diagnosticaron lo mismo.

Imagina cuánto esfuerzo tomaría lograr que alguien que no te pueda ver fácilmente sepa que estás presente. Los seres queridos difuntos a menudo trabajan duro para hacerse sentir. Mantente atento a las señales de comunicación, ya que te pueden estar tratando de mandar un mensaje. Pueden comunicarse directamente con tu espíritu, por lo que los seres queridos difuntos pueden conectarse con tu instinto, olfato, visiones y más.

Te conocen

Aparte de conocerte, parte del poder de sanación que tienen los seres queridos difuntos viene de saber más sobre tu futuro. Son sensibles a tu pasado, presente y futuro, y pueden guiarte hacia aquellos aprendizajes que necesitas para crecer. No *tienes* que escuchar a estos miembros del Equipo de Apoyo Espiritual, pero basado en sus áreas de sabiduría, muchas veces saben lo mejor para ti.

Además, es una oportunidad para mejorar o sanar cualquier relación que tuviste con un ser querido mientras él o ella estaban sobre la Tierra. Tomamos perspectiva en cuanto a la gente una vez que se van, y los seres queridos difuntos, deleitados por la energía sanadora de Dios, se libran de rencores pasados y temas que acosaban sus relaciones en la Tierra. Es natural lamentarse no haber podido conectar con alguien mientras vivía, pero es importante comprender que todavía existe la esperanza de fortalecer una relación con el espíritu de él o ella.

Al contrario de la creencia popular, un *médium* no siempre es necesario para conectarte con tus seres queridos difuntos. Con el entrenamiento intuitivo detallado en este libro, tú también puedes llegar a comunicarte con aquellos que han pasado al otro lado. Tus seres queridos difuntos están esperando conectarse contigo una vez que te abras intuitivamente y tomes conciencia de sus mensajes y señales.

Un *médium* es una persona que se comunica con el mundo espiritual a nivel profesional. Los médium a menudo se contratan para conectar a los seres vivientes con los difuntos.

Los espíritus de la naturaleza

Desde los cuentos pasados de generación a generación, a la moda actual de libros y películas fantásticas, pocas criaturas espirituales son tan mitificadas como los espíritus de la naturaleza. De hecho, a través de la historia, hemos aprendido sobre estas entidades por medio del folclore y bastantes encuentros en la vida real. Son compasivos y están contentos con ayudar a guiarnos; cuentos sobre su tipo se han encontrado a nivel mundial, en lugares tan variados como Rusia, Irlanda y Gran Bretaña.

Algún folclore pinta a los espíritus de la naturaleza como criaturas oscuras y vengativas. Son suaves, pero no necesariamente confían en los humanos dado nuestro desdén hacia la Madre Tierra. Los espíritus de la naturaleza son guiados por la Madre Tierra, también conocida como Gaia.

Los cuatro elementos

Los espíritus de la naturaleza representan cuatro elementos básicos: tierra, viento, fuego y agua. Cada espíritu elemental tiene características diferentes:

Espíritus de la tierra —gnomos, espíritus de los árboles y duendes. Los espíritus de la tierra nos ayudan a mantener los pies sobre la tierra y equilibrados.

Espíritus del viento —referidos como sílfides, devas y hadas. Los espíritus del viento nos ayudan a usar y confiar en nuestra intuición.

Espíritus del fuego —conocidos como salamandras. Los espíritus del fuego nos ayudan a inspirarnos.

Espíritus del agua —clasificados como elfos, ondinas y ninfas del mar. Los espíritus del agua nos ayudan a renovar y rejuvenecer nuestro espíritu.

Al igual que con los otros miembros del Equipo de Apoyo Espiritual, los espíritus de la naturaleza se pueden comunicar contigo de maneras no tradicionales. ¿Alguna vez te sentiste desanimado y luego animado por un olor repentino de delicadas rosas? Esto es un "hola" de los espíritus de la naturaleza.

Aunque los espíritus de la naturaleza no están limitados por nuestras barreras físicas, no son ángeles. Son parte del reino elemental, no el angelical.

Al filósofo y alquimista suizo Paracelsus, del siglo XVI, le adjudican el crédito de haber inventado el término elemental. El respetado científico estudió a los espíritus de la naturaleza y concluyó que los reinos *elementales* no eran cuentos de hadas, sino la verdad. Hasta hoy en día, es considerado el antepasado de todos los investigadores, escritores y clarividentes contemporáneos que estudian y trabajan con los espíritus de la naturaleza.

Cómo conectarte con los espíritus de la naturaleza

Los espíritus de la naturaleza son uno con nuestro medio ambiente, así que su relación con los humanos es un poco compleja. Por un lado, son parte del sistema de apoyo que quiere ayudarnos a prosperar. Por otro lado, para los espíritus de la naturaleza es difícil observarnos mientras tratamos a nuestra Tierra compartida menos que honradamente con polución excesiva, desperdicio innecesario y escasos recursos que rápidamente se están agotando.

¿Te quieres conectar con los espíritus de la naturaleza? Debes tratarte a ti mismo y a tu medio ambiente con todo el respeto posible. Esto quiere decir mostrarle respeto a la tierra al reciclar y no ensuciar, y ayudar a preservar la naturaleza y la fauna cuanto sea posible —en pocas palabras, debes llevar una vida ecológica, honrando los regalos de la tierra, en vez de subestimarlos.

Los espíritus de la naturaleza naturalmente están atraídos a la pompa y circunstancia —ceremonias alegres, bailes divertidos y canciones festivas. También se sienten atraídos por los niños felices. Y aunque los puedes encontrar tanto en la ciudad como en el campo, los espíritus de la naturaleza son más comunes en la tierra salvaje, lugares subdesarrollados donde la naturaleza en sí esta desinhibida. Aman a las flores, pero están aun más atraídos por los sauces y las margaritas.

Los sanadores y videntes ven más, simplemente porque su perspicacia hace que el reino de los espíritus de la naturaleza —es decir, el reino elemental— esté a la luz del día. A los niños también se les hace más fácil conectarse y comunicarse con los espíritus de la naturaleza, quizá por su inocencia innata, su fe desenfrenada y su falta de cinismo.

Un *vidente* es una persona que puede ver cosas que otros no pueden ver tan fácilmente, como espíritus y hasta el futuro.

Sin embargo, no es necesario que tengamos el don de un tercer ojo ni que seamos niños para vincularnos con los espíritus. Nos podemos conectar más fácilmente con los espíritus de la naturaleza al tratar, simplemente, de vivir en paz con el medio ambiente así como con nosotros mismos.

Con regalos en mano

Muchos espíritus de la naturaleza piensan que los humanos son interesantes y, como resultado, se inclinan a darnos regalos. Pueden ser cosas tangibles como flores, piedras o conchas que parecen manifestarse de la nada; o regalos más etéreos, como una prosperidad sorprendente o una sincronización positiva.

¿Cuál es el regalo más grande que nos pueden ofrecer? El regalo de la alegría. Los espíritus de la naturaleza trabajan duro para ayudarnos a ver lo positivo y sentirnos bien con la vida. Facilitan la creatividad, una inocencia renovada, una mentalidad abierta y el asombro. En pocas palabras, nos hacen sentir nuevamente como niños.

Los espíritus de la naturaleza también tienen un lazo natural con los animales, incluyendo las mascotas. Puedes llamar a un espíritu de la naturaleza para ayudar a tu mascota o ayudarte a que te puedas comunicar con tu animal querido. Los espíritus de la naturaleza también son protectores de los animales salvajes.

Muchas comunidades modernas buscan activamente el apoyo de los espíritus de la naturaleza. Por ejemplo, en el norte de Escocia, la comunidad Findhorn ha pasado décadas trabajando con los espíritus de la naturaleza. A principios de los sesenta, Dorothy McLean —miembro de la comunidad— se inspiró y aplicó sus prácticas de meditación para comunicarse con la naturaleza. Compañeros de su comunidad y mediadores

Eileen y Peter Caddy se unieron a ella al darse cuenta que con disciplina, esfuerzo y respeto, podían trabajar con la naturaleza a un nivel más alto. La comunidad pronto encontró que sus vegetales crecían inusualmente robustos y sus flores estaban en plena floración —ya pasada la estación natural. La comunidad Findhorn todavía está activa y próspera hoy en día.

La maestra espiritual Sonia Choquette dice: "La tierra es un espíritu viviente, increíble, que respira y majestuosamente apoya toda la vida sobre este planeta". Si la Madre Tierra regala la vida, los espíritus de la naturaleza la están ayudando a prosperar.

Puntos esenciales

- El Equipo de Apoyo Espiritual está compuesto de guías espirituales, seres queridos difuntos y espíritus de la naturaleza. No son ángeles, sino ayudantes en tu viaje por la vida.

- El Equipo de Apoyo Espiritual conoce tu historia, tu vida y, aun más importante, sabe hacia dónde te diriges en el futuro.

- Las guías espirituales fueron humanos y deliberadamente eligieron volver a la Tierra a ayudarte a ti y a otros.

- Los seres queridos difuntos no son fantasmas, sino espíritus interesados en ayudarte dentro de situaciones específicas.

- Los espíritus de la naturaleza trabajan para proteger al medio ambiente y representan los cuatro elementos: tierra, viento, fuego y agua.

capítulo 5

Iluminar tu luz

Aumenta tu conciencia para conectarte con los ángeles

Los siete chakras y auras

Comprende el poder de los pensamientos y las palabras

Equilibra tu energía

La sanación a través de vibraciones positivas

La energía vital que recibimos de las plantas

Los ángeles están más que contentos de ayudarnos, brindarnos orientación, amor y apoyo. Sin embargo, su influencia se vuelve mucho más poderosa cuando nosotros nos cuidamos espiritualmente y nos esforzamos por aumentar nuestra conciencia para conectarnos con ellos.

Todo es energía

Créelo o no, los humanos en realidad comparten algo con los ángeles —todos estamos hechos de energía. Es decir, estamos hechos de luz. De hecho, nos podemos conectar con el reino angelical porque estamos hechos de energía como ellos. Todos nacemos con nuestra energía —nuestra luz— a todo dar.

El autor hawaiano Koko Willis transmite una hermosa parábola de niños en *Tales from the Night Rainbow* por Pali Jae Lee (HO'OPONO Mountain View, HI, Moonlight Publishing, 2006). Aquí está el mensaje de la parábola parafraseado:

Al nacer, cada niño llega con un bol de luz. Si se ocupa de su luz, puede hacer cosas sensacionales. Pero, si el niño se preocupa de lo que no tiene y propaga la negatividad, el niño debe arrojar una piedra en el bol. Con cada piedra, la luz se va apagando poco a poco. Cuando ya hay más piedras que luz en el bol, el niño mismo se transforma en piedra y pierde la capacidad de crecer y poder estar al servicio de los demás. Pero, si el niño se cansa de ser una piedra, lo único que debe hacer es dar vuelta el bol. Las piedras se dispersarán y la luz volverá. La luz del niño brillará otra vez en el mundo y él o ella nuevamente continuará creciendo.

No obstante, la Tierra puede ser dura y, aunque nuestras luces brillan intensamente al nacer, nuestros pensamientos dubitativos, experiencias difíciles, creencias encontradas y medio ambientes agrestes pueden atenuar nuestro resplandor. Esto disminuye nuestra luz —lo cual técnicamente se llama nuestra vibración energética— y dificulta nuestra capacidad para conectarnos con los ángeles.

Siendo seres espirituales superiores, los ángeles están tan iluminados de luz que vibran demasiado rápido para que nosotros podamos ver, sentir, escuchar o conectar con ellos. Los ángeles deben desacelerar su vibración mientras una persona aumenta la suya para conectar y comunicarse —nosotros, en pocas palabras, debemos encontrarlos a mitad de camino. Si queremos conectarnos exitosamente al reino angelical, ¡debemos trabajar en iluminar nuestra luz!

Se puede decir que la luz, en realidad, es otro nombre para la energía de fuerza vital de la cual está compuesta el universo. La energía es la esencia de toda la existencia y la base fundamental para el universo. Está energía vibracional viviente es la que sostiene la vida y es lo que fluye y nos conecta a Dios. La energía de fuerza vital tiene muchos nombres: los chinos le dicen *chi o gi*. Los hindúes la llaman *prana*. Los griegos la conocen como *pneuma*. Los japoneses se refieren a ella como *ki*. Y los polinesios la llaman *mana*.

Los chakras: los centros de energía humana

Cuando el campo de energía que nos rodea es vital y fuerte, estamos mejor capacitados para conectarnos con el reino angelical. Dentro de nuestros propios campos de energía tenemos centros de energía, o *chakras,* que actúan como válvulas para que la energía de fuerza vital o *chi* fluya hacia adentro, alrededor y a través de nuestros cuerpos. El chi sube de la base de la columna vertebral, a través de los chakras, hacia el centro de la cabeza.

Hay siete de estos centros de energía en la *aura* que dan vueltas en el sentido de las agujas del reloj cuando uno está sano:

1. Chakra raíz

2. Chakra sexual

3. Chakra del plexo solar

4. Chakra del corazón

5. Chakra de la garganta

6. Chakra del tercer ojo

7. Chakra de la corona

La rapidez con la que dan vuelta está basada en su posición —cuanto más alto estén, más rápido dan vueltas. Cada uno emana un color diferente en el aura.

Definición

El *chakra,* una palabra en sánscrito que quiere decir "ruede dando vueltas", es un centro de energía ubicado en el campo de energía más grande que está alrededor de nuestros cuerpos. Cada uno de los siete chakras corre por la columna vertebral y afecta nuestros estados emocionales, físicos, espirituales y mentales. El aura se compone de los siete cuerpos, o capas, alrededor del cuerpo físico. Cada uno de estos cuerpos sutiles trabaja en equipo con los chakras para crear nuestro propio campo de energía. Su condición y resplandor refleja toda nuestra salud y bienestar.

Los chakras conectan a nuestros cuerpos físicos con nuestra conciencia superior. El sistema de los chakras está relacionado con nuestros estados físicos, mentales, emocionales y espirituales. Cada chakra se relaciona a órganos o sistemas específicos del cuerpo, así como con temas emocionales y psicológicos.

Los cambios en nuestra circulación de energía puede disminuir o aumentar la estimulación de los chakras individuales.

La estimulación disminuida proviene de bloqueos en la circulación de energía a través de un chakra. Hay varios niveles de estimulación disminuida, desde bloqueos pequeños a un bloqueo total de energía fluyendo dentro y fuera del chakra. Los bloqueos están creados por la energía espesa causada por los desequilibrios como los pensamientos, las emociones y las vibraciones negativas dentro de nuestro medio ambiente.

La sobre-estimulación viene de demasiada energía fluyendo hacia cualquier chakra, lo cual crea un desequilibrio en todo el sistema de chakras. Cuando un chakra tiene demasiada energía, le quita energía a los otros chakras. La sobre-estimulación se crea a través de nuestras obsesiones, compulsiones y adicciones a las calidades que se encuentran dentro de un chakra en particular.

Primer chakra (raíz)

El primer chakra, la raíz, está ubicado en la base de la columna vertebral y está relacionado con la supervivencia, la seguridad, la base y la conservación básicas. El primer chakra es la fundación de todo el sistema de chakras y tiene que ver con la identidad física. Este chakra emana energía roja.

- Las características de la sobre-estimulación incluyen monotonía, materialismo y codicia.

- Las características de la estimulación disminuida incluyen miedo frecuente, inquietud, descentración y la conciencia de la pobreza.

- Parte del cuerpo: próstata (hombres), vejiga, sistema de eliminación, sistema linfático, sistema esquelético, dientes, glándulas suprarrenales y las extremidades inferiores.

Tono vocal sanador: E, como *Eh.*

Segundo chakra (sexual)

El segundo chakra, el sexual, está ubicado en la parte inferior del pelvis y está relacionado con las emociones, deseos, gratificación y sexualidad básicas. El segundo chakra tiene que ver con los sentimientos y la crianza del yo. Este chakra emana energía naranja.

- Las características de la sobre-estimulación incluyen ser demasiado emocionales, tener límites débiles, adicción e hipersexualidad.

- Las características de la estimulación disminuida incluyen frigidez, insensibilidad emocional y rigidez.

- Parte del cuerpo: la región lumbar, el sistema reproductivo y los órganos sexuales.

Tono vocal sanador: *Oh.*

Tercer chakra (plexo solar)

El tercer chakra, el plexo solar, está ubicado en el centro abdominal y está relacionado con las emociones fuertes, la identidad del ego, la autoestima y la motivación. El tercer chakra es el centro del poder y lidia con la proyección y percepción del yo. Este chakra emana energía amarilla.

- Las características de la sobre-estimulación incluyen ser dominante, agresivo, disperso y demasiado competitivo.

- Las características de la estimulación disminuida incluyen tener una baja autoestima, pasividad y el miedo al fracaso.

- Parte del cuerpo: plexo solar, intestinos grueso, estómago, hígado, sistema muscular, piel y páncreas.

Tono vocal sanador: Ahm, como *Aaah m.*

Cuarto chakra (corazón)

El cuarto chakra, el corazón, está ubicado en el centro del corazón y está relacionado a la aceptación de sí mismo, la compasión, el amor y el perdón. El cuarto chakra tiene que ver con la expresión de amor y las relaciones. Este chakra emana energía verde.

- Las características de la sobre-estimulación incluyen codependencia, ser posesivo y celos.

- Las características de la estimulación disminuida incluyen soledad, aislamiento, falta de empatía y ser demasiado crítico.

- Parte del cuerpo: corazón, sistema circulatorio, pulmones, pecho y glándula timo.

Tono vocal sanador: Ah, como *Aaah.*

Quinto chakra (garganta)

El quinto chakra, la garganta, está ubicado en la garganta y está relacionado con la comunicación y la creatividad. El quinto chakra está conectado energéticamente con la autoexpresión total y nuestra capacidad para decir la verdad. Este chakra emana una energía celeste.

- Las características de la sobre-estimulación incluyen hablar excesivamente, brusquedad y la incapacidad de escuchar.

- Las características de la estimulación disminuida incluyen miedo de decir lo que piensas, inhibición y ser demasiado serio.

- Parte del cuerpo: garganta, cuello, brazos, manos y tiroides.

Tono vocal sanador: *Oo* (poniendo la boca en forma de círculo).

Sexto chakra (tercer ojo)

El sexto chakra, el tercer ojo, está ubicado en el centro de la frente y está relacionado con la autorreflexión, intuición, perspicacia e imaginación. El sexto chakra nos da la capacidad de percibir las cosas claramente. Este chakra emana una energía azul profunda.

- Las características de la sobre-estimulación incluyen dificultad para concentrarse, pesadillas y delirios.

- Las características de la estimulación disminuida incluyen mala memoria, negación y baja capacidad intuitiva.
- Parte del cuerpo: carótida, sienes, frente y glándula pituitaria.

Tono vocal sanador: *Mm.*

Séptimo chakra (corona)

El séptimo chakra, la corona, está ubicado en la parte superior de la cabeza y está relacionado con la conexión espiritual, conciencia superior y comprensión espiritual. El séptimo chakra generalmente es considerado el chakra de la conciencia y la iluminación. Este chakra emana una energía violeta y blanca.

- Las características de la sobre-estimulación incluyen ser demasiado intelectual, confusión y adicción espiritual.
- Las características de la estimulación disminuida incluyen apatía, cinismo y una mente cerrada.
- Parte del cuerpo: cerebro, sistema nervioso y glándula pineal.

Tono vocal sanador: *Ee.*

iluminaciones

La fotografía Kirlian se refiere a un tipo de fotograma hecho con alto voltaje que visiblemente muestra la energía de fuerza vital alrededor de objetos. Se llama así por el inventor ruso Semyon Kirlian, quien descubrió este fenómeno en 1939.

El aura: nuestro campo de energía humano

Hay siete cuerpos sutiles, o capas, alrededor del cuerpo físico, que crean el sistema áurico del cuerpo (aura). Cada uno de los cuerpos sutiles trabajan en equipo con los chakras para crear nuestro propio campo de energía.

El primer aura, el cuerpo etérico, a menudo se ve clarividentemente como una capa fina e invisible alrededor del cuerpo físico. Este cuerpo sutil actúa como una reproducción energética del cuerpo físico y está conectado con nuestra vitalidad física. Este cuerpo está compuesto por una red de líneas de luz que se entrecruzan. Estos cruces en sánscrito se llaman *nadis o meridianos* en la medicina china. Se conecta con el chakra raíz.

El segundo aura, el cuerpo emocional, refleja nuestros sentimientos. Las emociones tales como la alegría, el enojo, el amor y la tristeza todas se encuentran aquí. El cuerpo emocional también está ligado a nuestras experiencias pasadas, deseos y traumas. Se conecta con el chakra sexual.

El tercer aura, el cuerpo mental, contiene nuestros pensamientos y procesos mentales. Este cuerpo sutil corresponde a la conciencia, la mente, el intelecto y la lógica. Como nuestras creencias y pensamientos le dan forma a nuestra vida, el cuerpo mental nos ayuda a crear nuestras experiencias de vida. Cualquier enfermedad mental se ve reflejada aquí. Se conecta con el chakra del plexo solar.

El cuarto aura, el cuerpo astral, es un conducto entre nuestra realidad diaria en el mundo físico y el reino espiritual. Se conecta con el chakra del corazón.

El quinto aura, la plantilla del cuerpo etérico, mantiene al cuerpo etérico en su lugar. Podría decirse que es el modelo energético perfecto para que sirva como aspiración para el cuerpo etérico.

El sexto aura, el cuerpo celestial, es donde la conciencia se expresa como sentimientos superiores como el amor universal, la felicidad y la interconexión o sentirse uno con todo lo que nos rodea. Se conecta con el chakra del tercer ojo.

El séptimo aura, el cuerpo causal, es donde el yo superior se comunica con la mente consciente. Las expresiones a este nivel vienen de una conciencia espiritual más aguda y comprensiva. Es la estructura de energía más desarrollada de todos nuestros sistemas energéticos y vibra a una velocidad muy rápida. Se conecta al chakra de la corona.

consejos
celestiales

Etérico no es errata: tanto el primer como el quinto aura es etérica. La primera trabaja en conjunto con la segunda.

Aunque resides en el plano terrenal con una existencia física, tus sistemas de energía trabajan para mantenerte constantemente conectado a la energía divina del plano espiritual. Tu propio campo de energía es un conducto a la energía de todas partes. Estás literalmente enchufado a la "sopa de energía" que es nuestro universo.

De acuerdo a investigaciones por el Instituto de Heartmath, enfocado en la salud emocional, el corazón produce el ritmo más poderoso del cuerpo. El campo de energía creado es cincuenta veces más alto que el que es creado por el cerebro. Heartmath dice que la energía del corazón lleva información emocional y se comunica con otros campos de energía tanto adentro como *afuera* del cuerpo. También se descubrió, durante ensayos clínicos, que el campo de energía del corazón cambia notablemente al experimentar diferentes emociones. Más y más pruebas también sugieren que las interacciones energéticas que involucran al corazón pueden disparar la intuición y aspectos importantes de la conciencia humana. Como bien dicen, "¡Escucha a tu corazón!".

La energía de los pensamientos y las palabras

De acuerdo al investigador japonés Masaru Emoto, el agua es energía vibracional que tiene la capacidad de copiar, memorizar y transmitir información. Presentado en la película independiente *What the Bleep Do We Know* (2004), la investigación de Emoto sobre los efectos en el agua por las emociones, las palabras, los pensamientos y la música recientemente ha recibido mucha atención. Su libro popular *The Hidden Messages in Water* (ver el Anexo E), trae consigo las bases de las investigaciones pioneras de Emoto e incluyen varias fotografías de cristales de agua influenciados y formados por tipos específicos de vibraciones energéticas.

En su investigación, Emoto descubrió que el agua memoriza la vibración de sustancias y esencialmente copia la información. Por ejemplo, Emoto expuso el agua a música clásica como la *Pastoral Symphony* de Beethoven y la *40th Symphony* de Mozart y los resultados fueron cristales bien formados con patrones delicados y hermosos. Al contrario, cuando expuso el agua a música metal pesada y agresiva, los cristales resultantes estaban fragmentados y deformados.

Mientras continuó sus experimentos, Emoto pensó en qué pasaría si escribiera frases sobre papeles que luego envolvería alrededor de las botellas con las palabras hacia adentro. Escribió frases como "Gracias" y "Qué tonto". Los resultados del experimento fueron increíbles. El agua expuesta al "Gracias" formó cristales hexagonales hermosos, mientras que el agua expuesta al "Qué tonto" produjo cristales fragmentados y deformes. Al continuar con el mismo experimento, Emoto descubrió que las palabras positivas, como unidad, amor y amistad, creaban los cristales más hermosos, mientras que las palabras negativas creaban cristales distorsionados y nada atractivos.

Luego de más exploración, Emoto descubrió que cuando dos palabras específicas se usaban juntas, se formaban los cristales más sensacionales. Estas palabras son amor y gratitud. Emoto ahora cree que lo que le ha faltado a la ecuación humana ha sido la gratitud. Llega a decir que el amor y la gratitud son palabras que deben servir como guías para el mundo.

La lección de estos experimentos es que la energía vibracional de palabras, intención y emociones tiene el poder de afectar positiva o negativamente a cada uno de nosotros y el mundo que nos rodea.

 Algo para tener en mente: los humanos son 70% agua.

iluminaciones

La higiene del aura: cómo mantenerse equilibrado

¿Te has dado una ducha hoy? ¿Te cepillaste los dientes esta mañana? Probablemente respondiste "sí" a uno de estos hábitos diarios. Nuestros sistemas de energía también necesitan limpiezas regulares. Con el tiempo, los chakras se pueden bloquear o pueden tener una estimulación disminuida o una sobre-estimulación por elecciones de estilo de vida negativas. De igual manera, cuando no cuidamos a nuestra mente, cuerpo, espíritu o emociones, el aura a menudo tendrá pérdidas, lágrimas y bloqueos en las diferentes capas del cuerpo sutil. Los factores del medio ambiente, repetitivos patrones de pensamientos negativos y creencias, el "relleno" de las emociones y la falta de cuidado corporal todos contribuyen al chakra y sistema *áurico* desequilibrado.

Áurico es cualquier cosa que se relacione con tu aura.

Muchas cosas pueden aumentar o disminuir tu chi, incluyendo:

- Lo que comes y bebes
- Con quién compartes tu tiempo
- En qué pensamientos te enfocas, positivos o negativos
- Cómo expresas tus emociones

Nuestra meta es crear y mantener el equilibrio, creando una circulación libre de energía de fuerza vital y un sentido de armonía.

Lo que comes

La comida y bebida que consumes afecta de manera directa a tu chi. Comidas recocidas, procesadas o llenas de químicos y hormonas agotan al chi. En el mundo apurado de hoy, la comida rápida es más popular que nunca, pero drena a nuestro chi porque se necesitan muchas enzimas digestivas para desarmarla. Si estas comidas convenientes se comen con regularidad, le agregamos una carga insalubre a nuestros órganos digestivos y agotamos nuestra energía.

Lo que bebes

Otra culpable de robarnos el chi es la cafeína. La cafeína y otros estimulantes nos dan una energía poco saludable a través de la adrenalina. Cuando nuestra reserva de energía ya está agotada, la cafeína dispara nuestra glándula pituitaria a que secrete una hormona que le dice a nuestras glándula suprarrenales que produzcan adrenalina, poniéndonos en un estado de lucha o huir (la respuesta automática del cuerpo al estrés, el peligro o la amenaza).

El consumo regular de cafeína fatiga a las glándulas suprarrenales y nos roba aun más del chi.

Afortunadamente, el chi se puede equilibrar al tomar decisiones sabias en cuanto a la comida.

Los siguientes son algunos fabricantes del chi:

- Productos y carnes orgánicas

- Comidas recién hechas

- Comidas crudas

- Agua pura

- Granos brotados

- Comidas verdes (germen de trigo, cebada silvestre, espirulina, chlorella)

- Suplementos digestivos de enzimas

Los siguientes son algunos ladrones del chi:

- Alcohol

- Comida rápida

- Comida procesada

- Refrigerios azucarados

- Café

- Gaseosa

El camino de la naturaleza

Prácticas hawaianas antiguas y contemporáneas alientan a recoger mana (o chi) del mundo natural que nos rodea. El sistema de creencias de los isleños del Pacífico dice que los humanos son uno con todas las cosas porque todo, de hecho, es mana. Afuera en la naturaleza, se absorbe fácilmente la energía, por lo que no es tan difícil estar energizado y equilibrado como si estuvieras en la ciudad bulliciosa. Caminar cerca de un océano o lago, pasar tiempo alrededor de árboles y plantas, y hacer excursiones por las montañas son todos recursos poderosos de energía natural. Al estilo hawaiano, es importante apartar algo de tiempo de nuestras agendas ocupadas y disfrutar de los regalos de la naturaleza.

Qigong: un antiguo arte chino

Debería ser obvio el hecho de que el ejercicio es beneficio para la circulación del chi. Esto es verdad —cualquier actividad cardíaca le dará un buen arranque a nuestro chi circulatorio. Pero, hay un grupo especial de ejercicios que trabajan para acumular y hacer circular el chi dentro del cuerpo. *Qigong* (*chi gong*) es el antiguo arte y ciencia china con la que podemos volvernos conscientes de la energía de fuerza vital de uno y aprendemos cómo dominar su circulación a través de una composición controlada de posturas, movimiento, meditación y respiración. La palabra significa "trabajo respiratorio" o "trabajo energético" en chino.

Qigong, una práctica común en China, ha vuelto a ganar popularidad en Estados Unidos y Europa en los últimos años por su simplicidad y los beneficios poderosos para todos. Hay técnicas aptas para hombres y mujeres, jóvenes y viejos, atletas y gente sedentaria, y los discapacitados. Los movimientos de Qigong llevan un mínimo de esfuerzo y son fluidos y elegantes. Los resultados de este sistema terapéutico antiguo son verdaderamente transformadores; el más común incluye equilibrio, flexibilidad, coordinación y resistencia realzadas junto con un sistema inmunológico más fuerte. Como un complemento natural a la *acupuntura,* el Qigong es la parte preventiva y autosanadora de la medicina china que le enseña a sus pacientes cómo mejorar su propia salud.

Definición

La *acupuntura* es una forma antigua de medicina china tradicional que trabaja directamente con la circulación del chi. Es la práctica con la que se insertan agujas finas en puntos específicos del cuerpo con el objetivo de aliviar el dolor o por otras razones terapéuticas.

Qigong trabaja como un puente entre la salud física y el bienestar espiritual, emocional y mental. Las filosofías y técnicas del Qigong son mencionadas en *Dao De Jing,* un texto clásico de filosofía taoísta escrito en el siglo IV

a. de C. El sistema del Qigong expresa la filosofía taoísta de aumentar la conciencia ampliada y un verdadero sentido del equilibrio por medios de poco esfuerzo y resistencia.

Reiki: sanación japonesa manual

El *Reiki* es un sistema antiguo de sanación de energía manual. La palabra japonesa *Reiki* significa "energía vital universal". Como en otras terapias de sanación, el Reiki trabaja para equilibrar y restaurar la circulación del chi. Basado en las enseñanzas orales de Guatama Buddha, las técnicas del Reiki, de hecho, durante siglos estuvieron perdidas hasta fines del siglo XIX. Fueron redescubiertas por Mikao Usui, un pastor cristiano japonés en busca de conocimiento sobre la sanación espiritual. Las enseñanzas lo llevaron a Usui al Monte Kuruma por veintiún días de meditación y ayuno. Durante el último día, Usui tuvo una visión: un destello de luz y antiguos símbolos de sanación del cielo. Usui interpretó los símbolos y se transformó en el primer profesional del sistema que ahora llamamos Reiki tradicional.

En el Reiki, el profesional transfiere energía a través de sus manos para equilibrar la energía del cliente y arrancar la capacidad natural del cuerpo para sanarse. La circulación de energía afecta tu mente, cuerpo, emociones y espíritu.

El Reiki reestablece la vitalidad al aliviar los efectos físicos y emocionales del estrés sin descargar. Suave y efectivamente abre los canales de energía bloqueada, los chakras, y despeja los cuerpos de energía resultando en una sensación de relajación profunda y paz. El Reiki no solo es una forma natural de sanación, sino que es fácil de aprender y seguro de usar. Es el complemento perfecto a cualquier práctica terapéutica.

Introducción a LOS Ángeles

Si decides hacer tu propia peregrinación al Monte Kurama, ten en cuenta que también lo llaman Monte Koriyama o Monte Kurayama. Está a las afueras de Tokyo.

Sanación sonora

Estudios científicos demuestran que el sonido puede producir cambios en nuestros cuerpos. Somos seres de energía vibrante, y las vibraciones crean ondas sonoras. Cada átomo, molécula, célula, glándula y órgano del cuerpo humano absorbe y emana sonido. Puede que no percibamos el sonido, ya que puede estar por debajo o arriba de nuestra capacidad auditiva. Cuando un órgano o una parte del cuerpo está sano, crea un audiofrecuencia natural en armonía con el resto del cuerpo. La enfermedad o las alteraciones de la salud aparecen cuando el cuerpo está desarmonizado. Con la enfermedad, la parte afectada del cuerpo emana un patrón de sonido diferente e inarmónico. La sanación con el sonido ha demostrado que restaura los patrones armónicos dentro del cuerpo. Si esa buena noticia no alcanza, las vibraciones también se conocen por bajar la variabilidad del ritmo cardíaco, relajar el patrón de ondas cerebrales y reducir la frecuencia respiratoria, lo cual lleva a una disminución de las hormonas de estrés.

El trabajo a nivel físico es solo el comienzo —el sonido es un sanador que ofrece una igualdad de oportunidades y es extremadamente efectivo en el campo de energía humano, resultando en un aumento del bienestar emocional y psicológico. La sanación con sonido es, en realidad, una vuelta a las antiguas prácticas culturales que usan cánticos y bols de canto para restaurar la salud y el equilibrio; los sufis, hindúes, indios americanos y monjes católicos han dependido del sonido para sanar durante mucho tiempo. Hay varios métodos para sanar con el sonido, como la entonación vocal y los cánticos, la descarga emocional y los bols de canto de cristal y tibetanos.

iluminaciones

En los años recientes, los bols de canto de cristal se han vuelto populares. Los bols de canto de cristal son tradicionalmente bols de cristal esmerilado blanco hechos de cuarzo 99% puro triturado. Vienen en varios tamaños, desde seis a veinticuatro pulgadas de diámetro. La forma y tamaño del bol afecta el tono. El cristal tiene el poder de amplificar, transformar, guardar y transferir energía. Piensa en los aparatos electrónicos basados en cristal como los relojes, los micrófonos y el equipo de radio y televisión.

Los bols de canto

Desde tiempos antiguos, los bols de canto han sido usados tradicionalmente a través de Asia como parte de la práctica budista. El uso tradicional
de estos bols es de apoyo para la meditación y la oración. Ahora disponible
a nivel mundial, la función de los bols de canto ha aumentado y ahora son
acompañantes comunes de todo tipo de sanación alternativa y práctica espiritual, como la meditación, prácticas de relajación, el cuidado de salud y
la terapia musical.

Los bols de canto tibetanos y del Himalayas más comunes están hechos de
una aleación de bronce con cobre, lata, zinc y hierro. Los productores más
grandes son Nepal y la India.

Los bols de canto se tocan al frotar un mazo de madera, plástico o envuelto
en cuero alrededor del borde del bol para producir el sonido de armónicos
y un "cantar" continuo. Los bols de canto también puede tocarse al darle
con un mazo suave para producir un sonido increíblemente sonoro y hermoso. Cuando un bol se toca cerca del usuario, una placentera sensación
vibracional o zumbante se puede sentir a través del cuerpo.

Algunos médicos ahora está utilizando bols de canto para un complemento
de sanación poderoso para su medicina occidental. Por ejemplo, Mitchell
L. Gaynor, M.D., director de oncología y medicina integradora en Strang-
Cornell Cancer Prevention Center y autor del libro *Sounds of Healing* (ver
Anexo E), usa los bols de cristal y los bols tibetanos en su consultorio con
pacientes de cáncer.

Entonación

La entonación es el nombre de una forma simple y natural de terapia sonora que trabaja directamente en el campo energético humano. Un tono es
un sonido definido que mantiene una entonación y vibración constante. En
el proceso de entonación, los tonos singulares —a menudo sonidos de
vocales— son sostenidos vocalmente, como un "Aaaah" o un "Ooooh".

Piensa en la meditación popular Aum. La alta frecuencia vibratoria creada
por nuestras cuerdas vocales pueden ser tanto penetrantes como terapéuticas.

Desde los tiempos antiguos, muchas culturas han usado ciertos tonos para sanar y liberarse. Por ejemplo, los indios americanos a menudo usaban cánticos en sus ceremonias.

La entonación se puede usar como una práctica diaria para relajar y liberarse. La entonación es una práctica intuitiva porque es una forma innata de sanar y nutrir que nosotros, como humanos, todos compartimos. Piensa en los sonidos de un bebé. Desde el momento que nacemos, usamos nuestras propias vibraciones sonoras para calmarnos y buscar consuelo de los demás.

La pionera de la entonación Laurel Elizabeth Keyes escribe sobre este fenómeno en su libro, *Toning: The Creative Power of the Voice* (ver Anexo E), cuando se refiere a los pequeños llantos y murmullos de los bebés como entonación natural. Sin las inhibiciones adultas, los niños pequeños se expresan emocionalmente al llorar, reír y gritar. Sin embargo, cuando llegamos a la adultez, nuestras respuestas emocionales han sido más reprimidas a través del condicionamiento de nuestros padres y la sociedad. Cuando estas emociones se mantienen adentro, ocurren las tensiones, las presiones, los desequilibrios y los bloqueos en nuestros campos energéticos y en especial en nuestro cuerpo emocional. La entonación es una de las herramientas más poderosas para las emociones reprimidas porque tiene la capacidad de limpiar el campo energético a través de las vibraciones.

consejos celestiales

La sanación vibracional es un complemento a la medicina occidental y no debe usarse como substituto de una medicación en casos como los de depresión crónica u otros trastornos psiquiátricos.

La terapia de catarsis

Una forma de entonación utilizada a menudo es la terapia de catarsis. Un terapeuta entrenado llevará al cliente a través de liberaciones verbales de emociones reprimidas, como llorar, gritar o tararear por el bienestar emocional, espiritual y físico. Los sonidos intensos y de tonos agudos ayudan a romper los bloqueos energéticos. Este tipo de sanación es, a menudo, liberador y profundo.

La energía de las plantas

Las plantas nos proveen con energía vital todos los días. Toda la vida sobre la Tierra depende de la energía que liberan las plantas para mantenernos vivos. A través de un proceso llamado *fotosíntesis*, toda la flora toma luz energética del sol y la convierte en oxígeno y nutrientes llenos de energía. Como una forma de sanación vibracional, la energía de las plantas es regeneradora, oxigena y purifica.

Las esencias florales

Los remedios de esencia florales son infusiones de agua con las flores de una gran variedad de flores, árboles, arbustos y plantas. Las esencias son vibrantes en la naturaleza y trabajan junto al campo energético humano para restaurar el equilibrio de la circulación de energía. Su impacto más importante viene de reequilibrar y transformar las emociones. Estas esencias fomentan una limpieza suave y no invasiva de las emociones negativas estancadas al restaurar la circulación de energía y las frecuencias vibratorias sanas dentro del cuerpo emocional.

Las esencias florales fueron primeramente desarrolladas en la década de los treinta por el doctor Edward Bach, un médico y homeópata inglés. Al crear las esencias, Bach eligió apoyarse en su formación en la sanación y su intuición. Utilizando su sexto sentido, Bach descubrió flores y plantas terapéuticas —al final logró crear treinta y ocho remedios dirigidos hacia un estado mental o emocional en particular. El sauce, por ejemplo, ayuda a que los pacientes liberen resentimiento y la violeta ayuda a aliviar la soledad. Hoy en día, las flores de Bach son las esencias más distribuidas, y su tónico mezclado llamado Rescue Remedy es mundialmente popular.

Las esencias florales se pueden tomar oral o tópicamente. ¿Cómo funcionan? Cuando se combinan con el campo energético humano, las altas frecuencias vibratorias de las esencias suavemente elevan nuestras propias frecuencias, creando un cambio energético terapéutico.

Una esencia es la energía natural de una planta o flor en particular que ha sido capturada y envasada para uso futuro. Las esencias se hacen al dejar flotar las flores de la planta elegida en la superficie de un bol con agua de manantial pura y luego infundir el agua con varias horas de luz solar.

Durante este tiempo, la huella vibratoria de la energía de fuerza vital de la planta se transfiere al agua. A través de los experimentos del doctor Emoto con el agua, descrito anteriormente en este capítulo, sabemos que el agua tiene la capacidad de memorizar y guardar información energética. Al terminar, la esencia floral se preserva y guarda para un uso terapéutico futuro.

Aromaterapia

Desde velas aromatizadas a productos de baño perfumados, la aromaterapia se ha vuelto más popular en Estados Unidos. Sin embargo, va más allá de un aroma agradable. La aromaterapia, similar a las esencias florales, trabaja directamente con el campo de energía humano a través de las vibraciones. La forma más pura y sanadora de aromaterapia se encuentra en los aceites esenciales de grado terapéutico. Por su vibración alta y positiva, los aceites esenciales puros ayudan a promover la sanación emocional, física y espiritual.

En tiempos antiguos, se podían encontrar aceites similares y son de las primeras medicinas de la humanidad. La producción y mezcla de aceites era común en el antiguo Egipto, y las recetas a menudo se grababan en las paredes como hieroglíficos.

 Busca y compra solo los aceites de grado más alto para la aromaterapia. El pionero de la aromaterapia Gary Young, el fundador y presidente de Young Living Essential Oils, es reconocido en el mundo de la aromaterapia como uno de los líderes en la cultivación, destilación y producción de aceites esenciales de grado terapéutico crecidos orgánicamente. Él es una de las autoridades más importantes de Norteamérica en cuanto a aceites esenciales y la aromaterapia medicinal, y viaja por el mundo en busca de los mejores y más puros ingredientes. La página web para Young Living es www.youngliving.us.

Puntos esenciales

- Debemos elevar nuestras vibraciones aun más para acercarnos a la frecuencia de los ángeles y así conectarnos con ellos de una manera efectiva.

- La energía es la esencia de toda la existencia y la base fundamental del universo.

- Nuestro campo energético está directamente afectado por nuestro medio ambiente y lo que pensamos, comemos y sentimos.

- Muchos métodos alternativos y holísticos de sanación pueden aumentar nuestra vibración y mantenernos equilibrados.

- Cada chakra se relaciona con un órgano o sistema específico del cuerpo, así como con los temas emocionales y psicológicos.

- Las plantas utilizadas en la aromaterapia, y las esencias florales en particular, son formas naturales de terapia emocional.

Capítulo 6

Invita a los ángeles a tu vida

Cómo los ángeles nos ayudan y nos inspiran

Cómo los ángeles nos protegen

Maneras en que los ángeles pueden mejorar tu vida

Seis pasos esenciales para llamar a tus ángeles

¿Alguna vez deseaste tener un séquito de ayudantes y asistentes a tu disposición noche y día como lo tienen los ricos y famosos? Haría que la vida fuera tanto más fácil. Las buenas noticias es que ya tienes un grupo de ayudantes espirituales alrededor tuyo. Se llaman ángeles y están esperando para ayudarte en todo aspecto de tu vida en un instante.

Los ángeles están por todas partes, esperando para ayudar a cada uno de nosotros. Los ángeles no solo nos quieren ayudar, les encanta, porque su propósito y pasión es estar al servicio de la humanidad. Están listos y esperando para apoyarnos, pero no van a interferir en nuestras vidas sin nuestro permiso explícito. Debes invitar a los ángeles a tu vida diaria para beneficiarte de sus muchas bendiciones.

Los ángeles son uno de nuestros recursos celestiales más importantes. Mientras nuestros deseos estén alineados con la voluntad de Dios y nuestro propósito de alma individual —lo que viniste a hacer y ser sobre la Tierra— los ángeles trabajarán sin parar para ayudarnos, guiarnos e interferir en nuestro nombre. Los ángeles están en servicio para aumentar nuestra conciencia, ayudarnos con nuestro crecimiento espiritual, mantenernos encaminados y asistirnos con todo aspecto de nuestra vida diaria. Cuando los invitamos a entrar, nos realzan las vidas de varias maneras poderosas y maravillosas.

Los ángeles hacen que nuestras vidas sean más fáciles

Los ángeles quieren hacer que nuestras vidas sean más fáciles. Nos pueden ayudar con todo en nuestra vida diaria —grande o pequeño. Cada vez que te encuentres necesitando apoyo para algo, lo que sea, es hora de llamar a los ángeles y pedirles ayuda.

Grandes sueños

Cada uno de nosotros tiene deseos y sueños en toda área de nuestras vidas. Sin embargo, a veces se nos hace difícil transformar estos deseos en realidad. Nuestros ángeles están dispuestos a trabajar sin parar para ayudarnos a triunfar encontrar la felicidad en la vida, así que no es necesario que luchemos tanto. Su orientación sabia y acción detrás del escenario nos puede servir de apoyo para realizar los sueños que llevamos tan cerca del corazón. Nuestros ayudantes angelicales siempre se preocupan por nuestros intereses y los de aquellos que nos rodean en el trabajo, la casa, las finanzas, las relaciones y el tiempo libre.

Aquí hay algunos ejemplos de sueños que los ángeles pueden apoyar:

- Crear oportunidades, cambios y ascensos en la carrera
- Encontrar al alma gemela
- Comenzar una familia
- Escribir un libro

- Conocer nuevos amigos
- Crear un ingreso extra
- Encontrar la casa de tus sueños
- Manifestar viajes aventureros

Pequeñas tareas

Los ángeles no solo nos pueden ayudar a realizar nuestras metas y sueños más grandes, sino que también son increíblemente hábiles al ayudarnos con las tareas más pequeñas, como encontrar un lugar para estacionar.

De hecho, pedir un lugar para estacionar es una manera buenísima para comenzar a trabajar con los ángeles y ver resultados rápidos. Como los ángeles están ansiosos por ayudarnos con cualquier tarea, son los mejores compañeros de compras, hábiles en ayudarnos a encontrar objetos perdidos y copilotos expertos cuando estamos perdidos o tarde.

Los ángeles pueden ser seres divinos provenientes directo de Dios, pero están dispuestos y listos para ofrecernos ayuda práctica a los humanos.

Aquí tienen algunos ejemplos de cómo los ángeles nos pueden ayudar (recuerda, ¡las posibilidades son infinitas!):

- Vender una casa
- Elegir regalos para otros
- Encontrar las mejores ofertas
- Ubicar nuestras llaves, bolso o cartera
- Arreglar planes de viajes
- Inspirar diseño y decoración para la casa
- Encontrar buen cuidado infantil

Los ángeles no nos ayudarán si nuestros deseos van en contra de la voluntad de Dios y el bien común para todos los involucrados en la situación. Por ejemplo, no esperes ayuda si buscas vengarte, enseñarle una lección a alguien o cualquier forma de manipulación.

consejos celestiales

En busca de consuelo

Los ángeles aman a cada uno de nosotros incondicionalmente y son compasivos en cuanto a las dificultades de la vida. Aunque estos seres de luz nunca han sido humanos, están en sintonía con nuestro dolor, frustración, enojo y pena, y fácilmente pueden percibir cuándo necesitamos apoyo emocional. En nuestras horas más oscuras, encuentran maneras de brindarnos consuelo y aliviar nuestros corazones adoloridos. A veces es una sensación de calidez sanadora y llena de amor que se extiende de nuestra cabeza a los pies. Cecily le gusta llamarlo "abrazos angelicales". Otra veces, un ser querido puede ser instigado por su propio ángel de la guarda para brindarte el apoyo extra que necesitas.

Una de sus maneras preferidas de consolarnos a los humanos es brindarnos sabiduría de fuentes inesperadas. ¿Alguna vez has estado triste o deprimido y un extraño te dice lo justo en el momento adecuado para hacerte sentir mejor? Otra veces, puedes haber escuchado algo en la radio o televisión que sonó acertado en cuanto a tu situación actual y te consoló. Estos son solo dos ejemplos de las maneras cariñosas en que nos ayudan los ángeles.

Los ángeles hacen que nuestras vidas sean más seguras

Se podría decir que los ángeles son como nuestros guardaespaldas invisibles. Los ángeles nos vigilan para mantenernos lejos del peligro. Mantenernos seguros es uno de sus trabajos más importantes.

Por ejemplo, nuestros ángeles nos ayudan mientras conducimos, recordándonos que prestemos atención, manteniéndonos despiertos y dándonos empujoncitos frecuentes para que revisemos nuestros autos. Siempre que nos encontremos en una situación potencialmente peligrosa, nuestros ángeles están ahí para ayudar a advertirnos y protegernos.

Hace algunos años, Cecily experimentó las advertencias de sus ángeles antes de que un intruso forzara la entrada a su casa. Había pasado horas tratando de quedarse dormida, sin éxito. Cada vez que cerraba los ojos, un hormigueo le subía por la columna y la mantenía despierta, y como resultado estuvo despierta casi toda la noche. A las cuatro de la mañana, Cecily seguía despierta cuando escuchó un golpe en su cocina. Una ráfaga de energía fue enviada hacia ella y escuchó las palabras "haz mucho ruido" en sus oídos. Cecily caminó hacia la cocina, gritando en todo el transcurso. Paró en seco al ver un intruso enmascarado en su cocina que en seguida salió corriendo por la puerta trasera. ¡El ruido que había hecho lo había sorprendido tanto que salió despedido de la casa a toda velocidad! La próxima vez que experimentes un momento donde casi sucede algo terrible, puedes estar seguro de que tus ángeles estaban de guardia.

Introducción a LOS Ángeles La autora de los ángeles Terry Lynn Taylor se refiere con cariño a los ángeles como "cambiángeles" por su capacidad de ser catalizadores del cambio. Cuando invitamos a que los ángeles entren a nuestras vidas, es importante estar dispuesto y listo a ver cambios en nuestras vidas.

Los ángeles hacen que nuestras vidas sean mágicas

No tienes que ir a un espectáculo de magia para ser testigo de verdaderos actos de magia. Sacar un conejo de un sombrero se consideraría una noche de novatos en comparación al tamaño y alcance de los milagros desempeñados todos los días por los ángeles. Los ángeles le brindan un toque mágico a todo lo que hacen. Sobretodo, trabajan su magia al agregar más vitalidad y amor a nuestras vidas. Cuando estos ayudantes celestiales están trabajando por nosotros, la vida se vuelve una aventura impresionante.

A través de su orientación llena de amor, nuestros ojos se abren a nuevas maneras de pensar, ser y relacionarnos que nos beneficia a nosotros y al mundo a nuestro alrededor. Al ayudarnos a recordar nuestra magnificencia y sabiduría y al enseñarnos cómo abrir nuestros corazones, los ángeles nos brindan una conciencia de la hermosura y abundancia que nos rodea a todos.

Las tres E

A los ángeles les gusta ayudarnos al desempeñar las tres E:

- Esperanzar

- Empoderar

- Educar

Saben que cada uno de nosotros nació con un propósito importante —un papel único en el mundo— y trabajan para mantenernos encaminados para cumplir con nuestra misión. A su vez, están ahí para apoyarnos a la hora de la verdad.

Es fácil sentirse desanimado en este mundo a veces caótico. Podemos haber perdido un trabajo, un ser querido o la dirección en nuestra vida. Podemos luchar económicamente y sentir que no hay esperanza para un futuro mejor. La mayoría de nosotros nos descarrilaremos de cuando en cuando, y a menudo son nuestros ángeles los que nos dan ese empujoncito suave para levantarnos y encaminarnos otra vez.

Estos seres divinos a menudo sirven como catalizadores hacia un cambio positivo en nuestras vidas. Parecidos a Dios, los ángeles pueden ser nuestros fans más importantes, animándonos a buscar oportunidades en la vida —cambiar hacia direcciones que son las justas para que crezcamos, nos desarrollemos y triunfemos.

El reino angelical también sabe que muchas oportunidades de crecimiento espiritual vienen disfrazadas como problemas. Disfrutan al darnos las habilidades y orientación para brindarnos poder en vez de simplemente arreglar todos nuestros problemas o sacarnos de apuros. Nuestros partidarios celestiales nos ofrecen valentía y la capacidad de tomar más riesgos en la vida, para que podamos alinearnos con nuestro propósito más importante.

Uno de los papeles más esenciales de los ángeles es servir como mentor y educarnos con respecto a cómo trabaja espiritualmente el universo. Estos maestros increíbles nos abren a nuevas perspicacias y percepciones de nuestro pequeño mundo y el universo infinito que nos rodea.

Cuando invitamos a los ángeles a nuestras vidas, nos muestran la importancia de mirar más allá de nuestro punto de vista cerrado y nos brindan una perspectiva más amplia al levantar el velo que nos mantiene ciegos a nuestro potencial. ¡Cuánto más comprendamos nuestro mundo y nuestro lugar en él, más lograremos prosperar!

Inspiración diaria

Se podría decir que la inspiración es partes iguales de orientación divina y motivación fuerte batidos a la perfección. No es difícil imaginar que los ángeles hagan de la inspiración un arte. La belleza, la alegría, el *asombro,* la creatividad y el sobrecogimiento son formas de la inspiración, y los ángeles son expertos en brindarnos cada una de estas cualidades en nuestras vidas. A un nivel básico, la inspiración nos ayuda a conectarnos con una fuerza vital robusta y creativa o una vitalidad que nos atraviesa a todos. Al reconectarnos con nuestras vibraciones innatas, los ángeles nos ayudan a subirnos el ánimo y generar un impulso que alimenta al deseo de nuestro corazón. Estamos estimulados a sentir más, hacer más y crear más cuando nos muerde el bichito de la inspiración.

Definición

El *asombro* ocurre cuando nuestros sentidos se entusiasman por la novedad, la sorpresa o la admiración.

¿Quieres las cosas buenas de la vida? Lo único que necesitas hacer es notar los regalos que ya están presentes. Hay legiones de ángeles que quisiera asegurarse de que notemos todas las cosas buenas a nuestro alrededor. Disfrutan recordándonos que nos maravillemos con las pequeñas cosas de la vida. Cosas como cuando estás caminando por la calle y notas una puesta de sol hermosa o un jardín bello, ves un bebé recién nacido en paz o escuchas tu canción favorita en la radio, estos son los momentos que los ángeles les gusta enviarnos. La vida se vuelve más completa y alegre cuando apreciamos el esplendor que nos rodea todos los días.

Los ángeles reconocen que la alegría es contagiosa y es una de las maneras más poderosas para conectarnos con lo divino. La vida puede ser demasiada seria, por eso los ángeles quieren que nos alivianemos, riamos y seamos más creativos. Les gusta ayudarnos a vivir la vida más a pleno en el presente y volver a encontrar esa sensación de asombro de niño. Los ángeles nos recuerdan que por cada fastidio insignificante en nuestras vidas, hay algo hermoso y entretenido al doblar la esquina.

¡Bendición!

Hay algo llamado una "bendición del ángel" que muchos viven cada día. A veces reconocemos estos regalos y a veces no, pero los ángeles siempre están trabajando para brindarnos estas pequeñas joyas llamadas bendiciones. Como los ángeles son mensajeros directos de Dios, recibir una bendición es un regalo de Dios. Las bendiciones aparecen a menudo como sanación, prosperidad, triunfos, relaciones en armonía y nuevos comienzos. Otros pueden llamar estos ejemplos "golpes de suerte", pero no existe solo la suerte cuando los ángeles están trabajando contigo.

A menudo estas bendiciones nos llegan a través de la sincronización. Las sincronizaciones pueden aparecer de muchas maneras; un libro que te cambia la vida se cae en frente tuyo en una librería, te topas con el director de una compañía en la cual quieres trabajar, tu asiento designado en un avión te coloca al lado de tu futuro marido o mujer, o recibes una información justo cuando la necesitas.

Cecily experimentó su propia bendición al mudarse a San Diego. Ella y su marido (en aquel entonces novio) Todd estaban buscando alquilar una casa con un precio razonable en un precioso y exclusivo vecindario histórico que tuviera un estudio para su arte. El único problema era que ese vecindario se conocía por sus precios de alquiler altos. Cecily llamó a los ángeles para que la ayuden a encontrar la casa adecuada al precio adecuado en el vecindario deseado. Dentro de un día, recibieron su bendición. Mientras entraron al vecindario manejando para dar una vuelta, de inmediato vieron un cartel "se alquila" con un alquiler asequible. Todd llamó al número en el cartel y los dueños mencionaron que acababan de poner el cartel y justo estaban en la casa y se las podían mostrar en seguida. La casa tenía todo lo que deseaban, incluyendo el estudio. Por supuesto, ¡la casa fue alquilada a Cecily y Todd ese mismo día!

Los ángeles le dan a nuestras vidas un propósito más importante

Los ángeles siempre están buscando oportunidades para compartir su sabiduría universal con nosotros. Quieren que sepamos que la forma en que vivimos nuestras vidas tiene un gran impacto en el universo que nos rodea y que hemos recibido este poder por una razón importante: para propagar el amor. El amor es la vibración más alta y nuestra meta más alta. Hay dos principios que debemos tener que nos ayudarán a comprender mejor la naturaleza de la realidad y nuestro lugar en ella —la interconexión y elección.

La red de la vida

¿Alguna vez tuviste un momento en la naturaleza en que estabas tan en paz que prácticamente te sentías uno con todo a tu alrededor? Se podría decir que por un instante, la ilusión de separación se había esfumado. En realidad, todo en el universo está conectado energéticamente. Existen hilos de energía que nos conectan entre sí sobre la Tierra, casi como una telaraña. No importa cuan diferentes seamos todos, a un nivel energético básico somos todos uno. Todos somos parte de la energía que proviene directamente de la fuente.

¿Quieres ver a nuestra interconexión en acción? ¿Alguna vez has escuchado hablar de los seis grados de separación? Estudios recientes han demostrado, a un nivel básico, que solo estamos a seis personas de cualquier persona en el planeta. Los investigadores Eric Horvitz y Jure Leskovec observaron la comunicación en la red del Messenger de Microsoft durante el mes de junio de 2006 y concluyeron que, de hecho, todos estamos ligados por 6,6 grados de separación.

A menudo se dice que lo único que existe es el miedo y el amor. Los ángeles bien saben esto. Cuando equivocadamente sentimos que estamos separados de esta energía divina, entramos en un lugar de miedo que ultimadamente nos lleva hacia la lucha y el dolor. Pero cuando reconocemos y aceptamos nuestra interconexión, encontramos el amor y damos un paso dentro de la circulación del universo. La conciencia de las masas afecta a cada uno de nosotros en este planeta. Lo que afecta a uno afecta a todos en diferentes grados. Un solo pensamiento de amor u odio puede tener un efecto dominó. Nuestros ángeles están aquí para recordarnos que tenemos el poder de impactar al mundo de una manera positiva por medio de nuestras acciones, pensamientos, palabras y emociones.

Cuando nos unimos a los demás para ayudar al bien de la humanidad, podemos hacer cosas impresionantes. La vida no solo se trata de lo que logramos o cuánta plata ganamos. Se trata de cómo hacer para que el mundo sea un mejor lugar.

Los seis grados de separación es una teoría que nace de la investigación llevada a cabo en Estados Unidos por Stanley Milgram en 1969, llamado "el experimento del mundo pequeño". Milgram tomó una muestra de sesenta y cuatro personas y encontró que el número promedio de saltos para que una carta viaje de Omaha, Nebraska, a Wichita, Kansas, hacia el recipiente destinado en Boston era de 6,2. Este descubrimiento condujo a la idea de que solo hay seis grados que nos separan del uno al otro.

Decidir nuestro camino

Es común echarle la culpa a Dios o al destino por las dificultades de la vida. Los ángeles saben más y quieren propagar el mensaje de que cada uno de nosotros nació con el poder de elección y el libre albedrío. Todos recibimos la oportunidad de elegir lo que seremos, cómo actuaremos y qué haremos con nuestras vidas. A todo nivel de lo que somos, consciente e inconsciente, personalidad y alma, estamos decidiendo qué camino tomará nuestra vida.

Dentro de nosotros existen muchas elecciones, y nuestro libre albedrío nos permite elegir de varias opciones dentro de cualquier momento. Dónde pasamos nuestras vacaciones, con quién compartimos tiempo y dónde trabajamos son todos ejemplos de nuestro libre albedrío en juego. Estamos sobre la tierra para aprender lecciones que nuestras almas necesitan para crecer. La Tierra es un lugar de acción y reacción. Por cada elección o acción, hay un resultado bueno, malo o neutral. Por ejemplo, cuando tomamos decisiones para el bien común, a menudo tenemos un resultado positivo en comparación a cuando tomamos decisiones que solo nos benefician a nosotros mismos.

Sea una elección buena o mala, Dios y los ángeles nos apoyan en toda decisión que tomemos. Los ángeles son enviados para ayudarnos a aprender nuestras lecciones y crecer para que la próxima vez podamos elegir mejor.

Los seis pasos esenciales para llamar a nuestros ángeles

Hay una fórmula especial de seis pasos para llamar a tus ángeles que siempre funciona: pregunta, asóciate con tus ángeles, confía, libérate, permite y recibe, y di "gracias".

Pide

Los ángeles no pueden meterse en tu libre albedrío, así que debemos pedirles que nos ayuden. Puedes ser tan formal o informal como desees cuando les pidas su ayuda. Estos ayudantes celestiales responderán a una oración, un pensamiento o un grito de ayuda en un instante. No hay una regla rotunda para llamar a los ángeles, así que nunca puedes echarlo a perder. Como los ángeles son mensajeros directos de Dios, cuando llamamos a un ángel para que nos ayude, podemos asegurarnos de que Dios ha escuchado nuestra petición. Es la voluntad de Dios que los ángeles nos rodeen y ayuden cuando los llamemos, así que no tengas miedo de llamarlos seguido.

Algunos pueden dudar de llamar a los ángeles por cosas pequeñas porque sienten que están quitándole tiempo a los ángeles de algo más importante. Este no es el caso. Como no hay límites de espacio y tiempo en el reino angelical, los ángeles pueden estar en varios lugares a la vez y hay una cantidad infinita de apoyo angelical disponible. Puedes pedir por todos los ángeles que quieras que se junten contigo. Si sientes que necesitas a mil ángeles, adelante, pregúntales.

El cielo es el límite cuando estás trabajando con estos seres divinos; vale la pena pedir cualquier cosa que te imagines. Los ángeles te quieren servir de la mejor manera posible, así que concéntrate en lo que deseas y se directo y detallado en tu pedido. Recuerda, cuanto más grande, mejor —cuando estás en busca de una bendición, ¡se claro!

La autora Doreen Virtue enseña que todos podemos llamar a los ángeles en nombre de otra persona. Enviarle una bendición angelical a un ser querido es un acto de amor y no es una violación del libre albedrío de esa persona. En últimas instancias, queda en las manos de cada quien escuchar o no al mensaje de los ángeles y aceptar su ayuda.

Asóciate con tus ángeles

Los ángeles están dispuestos a ayudarnos, pero no están aquí para hacer todo el trabajo. Aunque estos ayudantes celestiales disfrutan de hacernos felices, si esperamos que sean como San Nicolás o un genio en una botella concediéndonos todos nuestros deseos, nos llevaremos una gran desilusión.

No es suficiente solo pedir cosas, tenemos que asociarnos con los ángeles y hacer nuestra parte. Por ejemplo, si quieres mejorar tu salud, tienes que aceptar la responsabilidad de comer mejor y hacer ejercicio. Si lo que buscas es una pareja romántica, tendrás que salir y mostrar lo mejor de ti para conocer a ese alguien especial. Los ángeles nos pueden poner en el camino al éxito, pero al final está en nosotros dar el primer paso.

Otra razón fundamental por la que los ángeles esperan que compartamos la responsabilidad es que reconocen la importancia de nuestra evolución espiritual. A la larga, constantemente rescatarnos, sacarnos de apuros o hacer el trabajo por nosotros no nos ayuda en nada. Los ángeles saben que para que nosotros crezcamos, debemos aprender a través de nuestras propias acciones y elecciones. Aunque disfruten de guiarnos y mostrarnos el camino, nunca van a interferir en nuestras lecciones de vida.

Confía

¡Vivimos en una sociedad en la que esperamos que todo ocurra rápido! Muchas de nuestras actividades diarias se pueden completar al apretar un botón. ¿Cómo era la vida antes de los celulares, las computadoras, los cajeros automáticos y el Internet? Muchos de nosotros no lo podemos recordar. A diferencia de nuestra tecnología, el universo trabaja con algo llamado la *coordinación divina*. Este tipo de coordinación existe cuando todas las cosas se alinean a la perfección para darnos el resultado que estamos buscando. A veces, esto no se puede apurar. Cuando la coordinación de Dios y la nuestra no coinciden, a menudo nos impacientamos, nos frustramos y sentimos desconfianza. A los ángeles no les gusta vernos sufrir, por eso continuamente nos están guiando para desarrollar la fe y la confianza en el proceso.

Al cultivar la confianza, recordamos que Dios y los ángeles nos aman incondicionalmente y siempre quieren lo mejor para nosotros. Ningún pedido u oración sincera le falta respuesta. Siempre existe un plan más grande de lo que podemos imaginar o concebir que está cayendo, poco a poco, en su lugar en frente nuestro.

Nuestra visión a menudo es limitada, pero el universo puede observar el panorama general para ver cómo cuadra todo junto. Ten en cuenta que los ángeles están ocupados detrás del escenario juntando a la gente y las circunstancias en el momento oportuno para el mejor resultado posible.

Libérate

¿Alguna vez escuchaste la frase "Dios proveerá"? La entrega es una parte esencial del proceso. Luego de hacer lo que podemos por nuestra parte, los ángeles quieren que les liberemos nuestros problemas y deseos. Cuando nos aferramos a lo que hemos pedido, nuestro controlador interno le está esencialmente diciendo al universo, "Lo tengo que hacer yo". Este tipo de lucha por el control crea una energía invasiva de preocupación y miedo alrededor de nuestro pedido.

Al darnos cuenta que no podemos hacer más nada y librarnos para dejar que provea Dios y que los ángeles se ocupen de los detalles, se levanta un gran peso de nuestros hombros. Ahí es cuando nos reconforta el hecho de no tener que saberlo todo y que hemos hecho todo lo posible. Cuanto más rápido liberemos este peso, más rápido veremos los resultados.

Permite y recibe

Es un hecho sabido que cuando nos enfocamos, podemos hacer cosas muy buenas. Los atletas y la gente exitosa alrededor del mundo dice que logran más cuando entran en un estado Zen. Ese estado en realidad es una posición de permitir y recibir. Un ingrediente importante en conseguir lo que queremos es permitirnos recibir toda la bondad que el universo tiene para ofrecer.

La tarea de un ángel es darnos lo que necesitamos, pero debemos creer que es nuestro derecho inherente aceptar estas cosas maravillosas que nos brindan. Tenemos que permitir llamadas para reconocer que merecemos y somos dignos de recibir nuestros deseos. Esto puede ser difícil para aquellos que luchan con bloqueos de la niñez y sienten que no se merecen tanta abundancia. Cuando estamos inseguros, debemos buscar y abrirnos a la orientación sabia de los ángeles para sanar nuestras heridas y autoestima baja. La energía de permitir y recibir es suave, fluida y fácil.

Agradécele a tus ángeles

Recuerda agradecerle a tus ángeles al recibir su ayuda. Los ángeles no necesitan un agradecimiento para hacer lo que hacen, sin embargo, es un paso esencial para infundir la energía afectuosa de la gratitud al proceso. Solo cuando estamos agradecidos por cada bendición que recibimos es que lograremos estar fluyendo como para recibir otras bendiciones.

Puntos esenciales

- Los ángeles nos pueden ayudar con cualquier necesidad, grande o pequeña, pero nosotros debemos invitarlos a entrar a nuestras vidas para que ellos nos puedan ayudar.

- Los ángeles hacen que nuestras vidas sean más fáciles, seguras y mágicas, así como también le dan más significado.

- Los ángeles nos inspiran a llegar a nuestro potencial más alto.

- Debemos confiar y tener fe que los ángeles siempre están trabajando para nosotros y nuestros intereses.

- Los seis pasos esenciales para llamar a tus ángeles son: pregunta, asóciate con tus ángeles, confía, libérate, permite y recibe, y di "gracias".

capítulo 7

Cómo comunicarte con los ángeles

Aprende sobre el sexto sentido que todos poseemos

Maneras en que los ángeles nos envían mensajes

Realzamos nuestra capacidad para recibir orientación angelical

Señales que indican que los ángeles están cerca

Bloqueos al recibir orientación angelical

Una vez que los ángeles hayan recibido nuestra invitación y están presentes en nuestras vidas, es hora de buscar los mensajes angelicales que comienzan a aparecer. Los ángeles saben que no tenemos tiempo en nuestras vidas ocupadas para solucionar rompecabezas complejos o códigos secretos; comunicarse con los ángeles debe ser simple. Los mensajes divinos pueden llegar de una manera tan simple y sutil que es importante aprender el lenguaje de los ángeles, para que no pasen desapercibidos.

Los ángeles quieren conectarse con nosotros y tienen varias maneras de llamar nuestra atención. La comunicación angelical viene hacia nosotros constantemente, pero necesitamos aprender a escuchar y observar y volvernos conscientes de cómo nuestros ángeles nos brindan su orientación. Las formas más comunes en que se comunican los ángeles con nosotros es a al ver, sentir, escuchar, saber y experimentarlos.

La comunicación angelical

Comunicarnos con nuestros ángeles es una capacidad natural que todos podemos disfrutar. Cada uno de nosotros posee regalos intuitivos que están listos para ser utilizados. Sonia Choquette, la maestra espiritual de Cecily, dice que todos somos seres espirituales dotados con seis, no cinco, sentidos, y el sexto sentido es la omnisciente intuición. La mayoría de las veces nos relacionamos al mundo con nuestros cinco sentidos básicos, pero cuando nos comunicamos con los ángeles, a menudo necesitamos abrir nuestro sexto sentido para percibir sus muchas formas y hacer contacto. Cuando nuestro sexto sentido es utilizado, nuestras capacidades intuitivas nos pueden ayudar a experimentar tipos esenciales de orientación angelical —comunicación visual, auditiva, emocional e intuitiva.

La comunicación visual: cómo ver mensajes

La *clarividencia* (ver claramente) es un medio de comunicación angelical. Puedes recibir orientación divina a través de imágenes, visiones y mini películas que ruedan en tu mente o dentro de tu campo de visión. Las visiones en general son a color, pero también pueden ser en blanco y negro. A menudo las imágenes que recibes se pueden parecer a soñar despierto, pero son más vívidas y animadas. Cecily ha visto todo estilo de película clarividente. Algunas le recordaron a lo que es ver una vieja película muda; ¡otras han sido más como un dibujo animado de Disney!

Al usar el don de la clarividencia, nuestro chakra del tercer ojo (ver capítulo 5 para más información sobre los chakras) trabaja en conjunto con el lóbulo occipital del cerebro para que podamos ver más allá del velo. La comunicación se puede dar con fotos, carteles, cartas, colores y destellos de luz. Estas escenas a menudo son simbólicas, pero su significado es muy claro para el receptor. Los ángeles trabajan con nuestra base personal de conocimientos y perspectiva para enviarnos un mensaje visual que lograremos comprender. Por ejemplo, cuando Cecily ve a un niño pequeño jugando en el ojo de su mente, reconoce esta imagen como un símbolo de ser juguetón o conectarse con su niño interior.

Nuestros ángeles saben que apreciamos los mensajes visuales que nos envían, sin embargo este medio de comunicación a menudo no es suficiente para nosotros. ¡Anhelamos poder ver a nuestros compañeros hermosos en persona! Siempre que sea posible, nuestros ángeles quieren satisfacer nuestra curiosidad al transformarse de una fuerza invisible a un amigo visible.

¿Cómo sabemos cuándo estamos en verdad viendo a un ángel? Los ángeles se nos pueden aparecer en varias formas, dependiendo de nuestro nivel de clarividencia.

Un ángel a menudo se ve como...

- Un destello de luz.

- Una luz brillante y blanca alrededor nuestro o en el ojo de nuestra mente.

- Una neblina de color.

A medida que se desarrolla la clarividencia, podemos llegar a ver un ángel más detalladamente, como...

- Una forma traslúcida e incolora.

- Una bola resplandeciente de luz.

- Una *aparición* completa vista con nuestros ojos abiertos.

Definición

Una *aparición* es un fenómeno en donde una figura etérea aparece de una manera inesperada o extraordinaria.

La comunicación auditiva: cómo escuchar mensajes

La mayoría de la comunicación angelical es no verbal, pero a veces tenemos la capacidad de escuchar más allá de nuestro rango sonoro normal. La audición intuitiva se llama *clariaudiencia* (audición clara). Este don extrasensorial permite que la orientación angelical nos llegue en todo tipo de sonidos, como palabras, música o tonos.

Si tienes una capacidad clariauditiva, no te sorprendas si comienzas a oír a tus ángeles. Puede que recibas orientación a través de una voz interna en tu cabeza o una voz externa en tu oído. Puede que escuches que llaman tu nombre cuando no hay nadie cerca. Música celestial preciosa puede rodearte directamente de los coros angelicales.

La mayoría de las veces, identificamos las voces en la cabeza de una persona como una señal de que la está perdiendo, sin embargo este casi nunca es el caso cuando te estás conectando con tus ángeles. Abre tus oídos porque la próxima voz que escuches ¡puede ser la voz de un ángel!

La comunicación sensorial: cómo sentir mensajes

Otro medio de comunicación angelical es a través de la *clarisensibilidad* (sentidos claros). Un clarisensible tiene la capacidad de sentir y capturar información a través de las sensaciones, a menudo recibiendo mensajes a través de las emociones y los sentidos. Este don espiritual aumenta nuestra sensibilidad y nos permite percibir las vibraciones sutiles que nos rodean.

La orientación divina nos puede llegar a través de una corazonada, piel de gallina, emociones fuertes o cambios en la presión del aire. Cuando estamos encaminados, los ángeles nos envían sensaciones de seguridad y apoyo. Por ejemplo, la atmósfera de un cuarto puede cambiar y nos podemos sentir rodeados de una calidez llena de amor, o podemos sentir una ráfaga repentina de energía que nos brinda una sensación de paz profunda. En momentos de peligro, los ángeles nos envían advertencias a través de energía que es más como un hormigueo, tales como los escalofríos o unas ondas fuertes de aprensión.

Cuando la clarisensibilidad se realza, es posible que logremos sentir el tacto de un ángel. Los ángeles a menudo usan el poder táctil para consolarnos y mostrarnos que nos aman. Cecily muchas veces ha sentido las plumas de ángel suavemente rozando su cara o una mano cariñosa acariciándole el pelo. Algunos de sus estudiantes y amigos han sentido una mano fuerte y tranquilizadora en su hombro o una sensación de que había alguien sentado cerca.

¿Alguna vez has experimentado la llegada de un dulce aroma de flores en una brisa cálida. Se podría decir que el olor es "celestial". A veces nuestros ángeles usan aromas deliciosos, como el de las flores o la vainilla, como una señal para dejarnos saber que están cerca. Un clarisensible a menudo puede utilizar su sentido de olor espiritual para reconocer estos aromas ultramundanos.

La comunicación intuitiva: mensajes a través del conocimiento

¿Alguna vez has sabido algo sin saber exactamente cómo o por qué? Este conocimiento interno se llama *clariconsciencia* (conocimiento claro). Cuando accedemos a este don intuitivo, le permite a los ángeles comunicarse con nosotros transmitiendo sabiduría directamente dentro de nuestro campo de energía. Cuando nuestras capacidades clariconscientes son fuertes, encontramos que pensamientos, ideas y conceptos nos llegan de inmediato. De repente podemos hacer cosas que nunca aprendimos. Adquirimos perspicacia e inspiración que nunca antes conocimos ni se nos había cruzado la mente. Por ejemplo, puedes saber al instante sobre un evento actual antes de ver las noticias, o ese pensamiento o idea insistente para un nuevo emprendimiento termina siendo todo un éxito.

Abrir nuestra clariconsciencia nos ayuda a navegar a través del diario vivir. Cuando aceptamos este conocimiento profundo que nos han brindado los ángeles, logramos la claridad para ver el panorama general. Con la sabiduría divina podemos servirnos mejor a nosotros mismos, a los demás y al mundo que nos rodea.

 ¿Algunas personas son naturalmente más intuitivas? Sí, al igual que algunas personas tienen un don más atlético o artístico. La autora Sonia Choquette dice que aquellos con una capacidad de intuición natural o más sensible probablemente tienen una misión del alma para ser maestro espiritual o guiar a otros.

¿Cuál es tu canal preferido?

Con la práctica, todos tenemos acceso a cuatro tipos de comunicación angelical. Dicho esto, es común que cada uno de nosotros tengamos un canal primario y otro secundario por los cuales recibimos orientación. Algunos sabrán exactamente cuál de sus canales intuitivos son los más fuertes, mientras que otros tendrán que descubrirlos.

Aquí tienen algunas pistas:

- ¿Naturalmente eres más visual? Encontrarás que la clarividencia es uno de tus canales más fuertes.

- ¿Te atrae la música o tienes una capacidad musical? Encontrarás que la clariaudiencia es uno de tus canales más fuertes.

- ¿Eres sensible o te gusta el contacto físico? Encontrarás que la clarisensibilidad es uno de tus canales más fuertes.

- ¿Eres más intelectual o curioso? Encontrarás que la clariconsciencia es uno de tus canales más fuertes.

Sintonizar

Hay varias herramientas espirituales que te ayudarán a abrir los cuatro canales de comunicación intuitiva. Estas herramientas no solo nos ayudan a acceder a aquellos canales más débiles, sino que también profundamente realzan nuestra capacidad natural.

Maneras de realzar la clarividencia:

- Meditar

- Hacer trabajo de imágenes guiadas

- Abrir el tercer ojo

Para ver inmediatamente cuán abierto está tu chakra del tercer ojo, pídele a tus ángeles que te muestren tu nivel actual de clarividencia. Luego, cierra los ojos e imagina una rosa en el ojo de tu mente. ¿La rosa se encuentra cerrada, parcialmente abierta o totalmente en flor? Utiliza la primera imagen que te viene a la mente. Usa cuán abierta esta la flor como guía de cuán abierto está tu tercer ojo.

Maneras de realzar la clariaudiencia:

- Tocar o escuchar bols de canto (tibetanos y de cristal)
- Hacer entonación vocal (ver el capítulo 5)
- Cantar y corear cánticos
- Abrir el chakra de la garganta

Maneras de realzar la clarisensibilidad:

- Liberación emocional
- Trabajo de respiración (ejercicios de respiración profunda)
- Practicar yoga
- Autoexpresión creativa como la pintura, el teatro y el baile.
- Abrir el chakra del corazón

Maneras de realzar la clariconsciencia:

- Crear un equilibrio entre el trabajo y la vida; respetar el tiempo libre
- Mantener un diario
- Trabajar con tus manos (carpintería, orfebrería, artimañas)
- Abrir el chakra de la corona

Imágenes guiadas

El ejercicio de *imágenes guiadas* a menudo se usa para fortalecer la clarividencia, pero puede ejercitar a cualquiera de los canales intuitivos. Las imágenes guiadas trabajan energéticamente. Pensamientos e ideas son formas de energía de alta vibración y muy poderosas en cuanto al impacto que tienen en todo nuestro sistema de energía. Investigaciones científicas también han demostrado que las mismas partes del cerebro se activan cuando la gente se imagina algo o lo experimenta. Al usar todos tus sentidos —gusto, tacto, visión, sonido e intuición— las imágenes se vuelven más "reales" en tu cerebro y tu campo energético.

La *imagen guiada* es lo que ves con el ojo de tu mente, pero también puede incluir imágenes más amplias, como lo que escuchas, sientes, hueles y saboreas en tu imaginación. Este tipo de visualización a menudo es guiada por las meditaciones con imágenes en libros, CDs o por un profesional.

La siguiente meditación de imágenes guiadas efectivamente limpia los bloqueos del sistema de chakras. Cecily la llama Imágenes Guiadas para la Limpieza de los Chakras:

Acuéstate o siéntate en una posición relajada y cómoda con tus ojos cerrados. Tu columna debe estar derecha y tu cabeza debe estar alineada con tu cuerpo. Respira profundo varias veces, inhalando por tu nariz y exhalando por tu boca. Con cada exhalación, deja que las preocupaciones del día se derritan.

Una vez que estés relajado, toma conciencia de tu cuerpo de pies a cabeza; siente la pesadez en tus miembros. Solo "está" con tu cuerpo, mientras entras en una relajación más y más profunda.

Ahora enfócate en la zona de la base de la columna —el área entre tus piernas. Este es tu chakra raíz.

1. Imagina un chakra saludable y equilibrado como un orbe claro de cristal lleno de una luz roja brillante.

2. En tu mente, estudia la apariencia de tu propio chakra, y nota su color y vitalidad. Si tu chakra está polvoriento, sucio, encogido o roto, imagina un pequeño relámpago volando la suciedad y los defectos de tu chakra.

3. Para limpiar tu chakra por completo, envía un remolino de luz blanca para fregar suavemente cualquier desecho restante.

4. Una vez que tu chakra esté limpio, la luz blanca se disipará, revelando un orbe reluciente y claro con una energía roja radiante. Imagínate rodeado y bañado en una preciosa energía roja. Respira la luz roja radiante hacia adentro de todo tu sistema energético.

Ahora enfócate en la zona de tus órganos reproductivos (dos pulgadas debajo de tu ombligo). Este es tu chakra sexual.

1. Imagina un chakra saludable y equilibrado como un orbe claro de cristal lleno de una luz naranja brillante.

2. En tu mente, estudia la apariencia de tu propio chakra, y nota su color y vitalidad. Si tu chakra está polvoriento, sucio, encogido o roto, imagina un pequeño relámpago volando la suciedad y los defectos de tu chakra.

3. Para limpiar tu chakra por completo, envía un remolino de luz blanca para fregar suavemente cualquier desecho restante.

4. Una vez que tu chakra esté limpio, la luz blanca se disipará, revelando un orbe reluciente y claro con una energía naranja radiante. Imagínate rodeado y bañado en una preciosa energía naranja. Respira la luz naranja radiante hacia adentro de todo tu sistema energético.

Ahora enfócate en el medio de tu abdomen (dos pulgadas arriba de tu ombligo). Este es el chakra del plexo solar.

1. Imagina un chakra saludable y equilibrado como un orbe claro de cristal lleno de una luz amarilla brillante.

2. En tu mente, estudia la apariencia de tu propio chakra, y nota su color y vitalidad. Si tu chakra está polvoriento, sucio, encogido o roto, imagina un pequeño relámpago volando la suciedad y los defectos de tu chakra.

3. Para limpiar tu chakra por completo, envía un remolino de luz blanca para fregar suavemente cualquier desecho restante.

4. Una vez que tu chakra esté limpio, la luz blanca se disipará, revelando un orbe reluciente y claro con una energía amarilla radiante.

Imagínate rodeado y bañado en una preciosa energía amarilla. Respira la luz amarilla radiante hacia adentro de todo tu sistema energético.

Ahora enfoca tu atención en el medio de tu pecho, el chakra del corazón.

1. Imagina un chakra saludable y equilibrado como un orbe claro de cristal lleno de una luz verde brillante.

2. En tu mente, estudia la apariencia de tu propio chakra, y nota su color y vitalidad. Si tu chakra está polvoriento, sucio, encogido o roto, imagina un pequeño relámpago volando la suciedad y los defectos de tu chakra.

3. Para limpiar tu chakra por completo, envía un remolino de luz blanca para fregar suavemente cualquier desecho restante.

4. Una vez que tu chakra esté limpio, la luz blanca se disipará, revelando un orbe reluciente y claro con una energía verde radiante. Imagínate rodeado y bañado en una preciosa energía verde. Respira la luz verde radiante hacia adentro de todo tu sistema energético.

Ahora enfócate en el medio de tu garganta. Este es el chakra de la garganta.

1. Imagina un chakra saludable y equilibrado como un orbe claro de cristal lleno de una luz celeste brillante.

2. En tu mente, estudia la apariencia de tu propio chakra, y nota su color y vitalidad. Si tu chakra está polvoriento, sucio, encogido o roto, imagina un pequeño relámpago volando la suciedad y los defectos de tu chakra.

3. Para limpiar tu chakra por completo, envía un remolino de luz blanca para fregar suavemente cualquier desecho restante.

4. Una vez que tu chakra esté limpio, la luz blanca se disipará, revelando un orbe reluciente y claro con una energía celeste radiante. Imagínate rodeado y bañado en una preciosa energía celeste. Respira la luz celeste radiante hacia adentro de todo tu sistema energético.

Ahora enfócate en el medio de tu frente. Este es el chakra del tercer ojo.

1. Imagina un chakra saludable y equilibrado como un orbe claro de cristal lleno de una luz azul marino brillante.

2. En tu mente, estudia la apariencia de tu propio chakra, y nota su color y vitalidad. Si tu chakra está polvoriento, sucio, encogido o roto, imagina un pequeño relámpago volando la suciedad y los defectos de tu chakra.

3. Para limpiar tu chakra por completo, envía un remolino de luz blanca para fregar suavemente cualquier desecho restante.

4. Una vez que tu chakra esté limpio, la luz blanca se disipará, revelando un orbe reluciente y claro con una energía azul marino radiante. Imagínate rodeado y bañado en una preciosa energía azul marino. Respira la luz azul marino radiante hacia adentro de todo tu sistema energético.

Ahora enfoca tu atención a la parte superior de tu cabeza. Este es el chakra de la corona.

1. Imagina un chakra saludable y equilibrado como un orbe claro de cristal lleno de una luz violeta brillante.

2. En tu mente, estudia la apariencia de tu propio chakra, y nota su color y vitalidad. Si tu chakra está polvoriento, sucio, encogido o roto, imagina un pequeño relámpago volando la suciedad y los defectos de tu chakra.

3. Para limpiar tu chakra por completo, envía un remolino de luz blanca para fregar suavemente cualquier desecho restante.

4. Una vez que tu chakra esté limpio, la luz blanca se disipará, revelando un orbe reluciente y claro con una energía violeta radiante. Imagínate rodeado y bañado en una preciosa energía violeta. Respira la luz violeta radiante hacia adentro de todo tu sistema energético.

Los tres secretos para realzar tu sexto sentido

La conciencia, la flexibilidad y la conexión con la tierra son tres maneras fundamentales para realzar tus capacidades intuitivas. La orientación angelical puede ser sutil, entonces estar sumamente consciente de lo que está pasando a nuestro alrededor es esencial para comunicarse con los ángeles. Vivimos en un mundo donde estamos bombardeados con estímulos constantes, y es normal desenchufarnos cuando sentimos que nos vamos a abrumar. Estar en el presente es la manera más fácil de retomar un estado de conciencia saludable. Pasar tiempo en la naturaleza, meditando y trabajando en proyectos creativos son todas formas que nos acercan al ahora o el momento actual.

Prueba este ejercicio para la conciencia:

1. Trabajando con un compañero, pon dos sillas frente a frente.

2. Cada persona mirará a la otra alrededor de tres minutos, notando los detalles del pelo, la ropa, las joyas, etc., de la otra persona.

3. Luego, una persona cerrará sus ojos mientras que la otra elige dos o tres cosas para alterar de su apariencia (por ejemplo, bajarse una media o quitarse un pendiente).

4. Cuando la persona termina de cambiar su apariencia, la otra abrirá sus ojos e intentará adivinar qué cambió.

5. Alterna y repite el ejercicio.

Cuando estamos trabajando con nuestro sexto sentido, es importante ser flexible. Ser demasiado controlador nos puede quitar la intuición. Quizás no siempre vemos, escuchamos o sentimos las cosas de una sola manera, por lo que debemos estar preparados para lo inesperado. Cuando somos flexibles y receptivos, le estamos anunciando al universo que queremos aprender información nueva y probar nuevos caminos. Utilizar un lugar más infantil nos ayuda a aflojarnos y encontrar alegría en las sorpresas nuevas.

Para utilizar nuestra capacidad intuitiva de manera exitosa, debemos aprender el ejercicio para conectarnos con la tierra. Al contrario de algunas creencias, la intuición no nos demanda ser volados e ilógicos; de hecho, justamente ocurre lo opuesto. En un estado de conexión con la tierra estamos centrados, estables y equilibrados. Además, cuando aprendemos a poner los pies sobre la tierra, estamos mejor capacitados para enfocarnos y controlar nuestra energía. Cuando estamos de mal humor, volados, no comprometidos, demasiado emocionales o dispersos, puedes estar seguro de que necesitamos bajar a la tierra. Una persona sin esta conexión a la tierra a menudo está demasiada distraída para reconocer las señales intuitivas que él o ella está recibiendo.

Hay dos maneras poderosas de conectarse con la tierra. Una manera de sentir la tierra al instante es sostener una piedra grande y suave en ambas manos. Otra opción es hacer una meditación del árbol. Primero, párate derecho y alto. Haz de cuenta que eres un árbol y visualiza que tus ramas se extienden hasta el cielo, tan alto como te lleve la imaginación. Luego, imagina que tus raíces están enterradas muy profundamente dentro del centro de la Tierra. Ahora estás conectado energéticamente con la tierra y el universo.

Lleva práctica volverse más consciente, flexible y conectado con la tierra. Espera que estas cualidades vitales se integren e infundan a tu vida diaria. Una manera simple de practicar es enfocarte en zonas que naturalmente te lleven a un estado de equilibrio. Cada mañana, elige uno de los siguientes temas y ponte la meta de que esa cualidad en particular debe ser tu prioridad a través de tu día.

- **Gratitud** —¿De qué estás agradecido? Comienza un diario de gratitud.

- **Inspiración** —¿Quién o qué te inspira? Haz una lista.

- **Mimos** —¿Qué cosas lindas haces por ti mismo? Hazte un masaje.

- **Naturaleza** —¿Dónde puedes ir hoy para estar afuera en la hermosa naturaleza? Da una vuelta en bicicleta.

- **Juega** —¿Cómo te puedes divertir? Comienza un proyecto creativo.

- **Retiro** —¿Dónde puedes ir para estar solo y rejuvenecerte? Relájate en tu patio trasero.

- **Generosidad** —¿A quién puedes recordar hoy? Haz algo especial para otros y déjales saber todo lo que significan para ti.

iluminaciones

Hay un fenómeno en la meditación llamada la Perla Azul. Esta experiencia de ver una luz azul fascinante, preciosa y brillante al meditar se conoce como una señal de iluminación. Swami Muktananda es un gurú que escribió sobre la Perla Azul y fundó la tradición de Siddha Yoga. Muktananda dijo que verla durante la meditación es como ver el alma de uno.

Escríbeles a tus ángeles

Una de las maneras más fáciles de comunicarte con tus ángeles es escribiéndoles. El dictado automático es el proceso de grabar información que nos brindan a través de nuestros pensamientos. Simplemente dices, piensas o escribes una pregunta para los ángeles y luego esperas una respuesta. No es necesario esperar la respuesta y luego escribirla; la respuesta fluirá mientras estás escribiendo. Los mensajes a menudo llegan rápidamente y sin esfuerzo; solo empieza con la primera palabra y sigue adelante. El secreto está en simplemente recibir la información que llega sin parar a analizarla.

Cuando le escribas a los ángeles, un papel y pluma clásicos bastará, o puedes escribirles en tu computadora. Siempre permaneces completamente consciente durante este proceso, por lo que no hay peligro de perder el control a algo fuera de ti. Adelante, pregunta cualquier cosa; tus ángeles responderán a cualquier pregunta de la manera más educada y cariñosa.

Descubre los nombres de tus ángeles de la guarda

Primero relájate y despeja tu mente, luego simplemente pídeles a tus ángeles que te den sus nombres. El primer nombre que aparece en tu mente es el nombre de tu ángel más vocal. Escríbelo. Como la mayoría de nosotros tendrá más de un ángel de la guarda, escucha por si otro nombre aparece en tu mente. Escribe el segundo nombre. Espera y escucha a ver si te vienen otros nombres. Si recibes otro nombre, asegúrate de agregarlo a tu lista. No te sorprendas si los nombres no te suenan "angelicales". Algunos ángeles tienen nombres claramente angelicales como Ariel o Celestine, mientras que otros tienen nombres comunes y corrientes como Bill o Emily.

El arte angelical

¿Te gusta dibujar? Si respondiste que sí, puedes intentar recibir mensajes de tus ángeles utilizando un bloc y lápices de colores.

La maestra espiritual Tina Michelle recibe sus mensajes a través de un proceso llamado el *arte angelical*. Hace unos años, los ángeles le dijeron a Tina: "Levanta una pluma y dibújanos". Cuando le hace una lectura angelical a un cliente, se enfoca en esa persona y los ángeles clarividentemente se transforman en varias formas y colores. Con el tiempo, Tina ha trabajado con los ángeles para desarrollar un lenguaje con las formas y colores que ha recibido. Cada matiz, sombra o tono conlleva un significado diferente. A menudo los ángeles le muestran, dicen o guían a dibujar bloques de energía en el sistema energético de la persona. Tina depende de los canales intuitivos de la clarividencia, clariaudiencia, *empatía intuitiva* y la clarisensibilidad para recibir el arte angelical.

La empatía intuitiva es una forma enaltecida de la clarisensibilidad que se conecta con las emociones, energías y enfermedades de otras personas.

Ha encontrado que lo que los ángeles de sus clientes comparten con ella es verdaderamente poderoso. Los mensajes angelicales que se encuentran en cada dibujo son muy detallados y a menudo incluyen información relacionada a situaciones de vida actuales. Los ángeles señalan los problemas y las circunstancias de la persona y pueden explicar por qué están ocurriendo ciertos patrones o eventos.

Aunque es una técnica avanzada de comunicación angelical, aquellos que tienen una afinidad por dibujar o pintar pueden encontrar que el arte angelical es particularmente beneficioso y una manera placentera de recibir mensajes.

Los ángeles disfrazados

Los ángeles se conocen por tomar un cuerpo físico para brindarnos mensajes o protección durante tiempos difíciles. Dos de las maestras de Cecily, Sonïa Choquette y Tina Michelle, han escrito sobre sus experiencias personales con un ser humano sabio y amoroso quien las ayudo profundamente y luego desapareció sin dejar rastro alguno. Sonia estaba pasando por un momento especialmente difícil en su vida cuando un ángel la visitó disfrazado de un vendedor en Hawai y le dijo las palabras justas para darle la perspicacia que necesitaba. El encuentro cara a cara de Tina con un ángel ocurrió una noche cuando estaba contemplando quitarse la vida. Un ángel disfrazado de un hombre de treinta años apareció de la nada y la ayudó a retomar su razón de ser. Para brindarnos el mejor servicio, los ángeles nos ayudarán en la forma que más necesitemos. ¡Nunca sabes cuándo te puedes topar con un ángel!

Las señales de los ángeles

A veces los ángeles se comunican con nosotros al enviarnos señales que cualquiera puede ver o escuchar. Una de las señales más conocidas es cuando los ángeles dejan una tarjeta de visita o una pluma. A menudo estas plumas son blancas; sin embargo, los ángeles utilizarán lo que tienen a su alcance. Las plumas que dejan los ángeles pueden ser pequeñas y mullidas o plumas largas de un cisne y pueden aparecer en los lugares menos pensados. Muchos de los estudiantes de Cecily le han pedido a los ángeles que les envíen pruebas de que están con ellos y, en respuesta, han recibido plumas.

Tú le puedes pedir a tus ángeles alguna señal de prueba que te estás conectando con ellos. Veamos algunas de las señales más comunes.

Nubes

Puedes llegar a ver a los ángeles en las formaciones de nubes o notar nubes que se asemejan a plumas.

Monedas

Puedes encontrar monedas al caminar por la calle. Los ángeles dejan monedas para recordarnos nuestra abundancia.

Mensajes por los medios de comunicación

Si pediste ayuda angelical, puedes llegar a escuchar la palabra "ángel" mencionada en una canción en la radio o en la televisión. La primera vez que Cecily le pidió una señal a sus ángeles, se despertó con una canción, "Angel in the Morning", al día siguiente. A veces escuchar las palabras necesarias en el momento preciso te sirven como una señal de tus ángeles. Puedes prender la radio o la televisión y escuchar las respuestas que necesitas para resolver un problema, o puedes estar conduciendo y justo pasar una valla publicitaria con el eslogan o las palabras que necesitabas para sentir consuelo.

Matrículas

Similar a los mensajes en la valla, las matrículas de los autos a menudo pueden tener mensajes de los ángeles para nosotros. Quizás te encuentras conduciendo detrás de alguien con una matrícula inspiradora que te levanta el ánimo, o el auto en frente puede tener una matrícula con el nombre de un ser querido tuyo.

Animales pequeños

Visitas repetitivas de animales pequeños pueden ser una señal de los ángeles. Quizás notes que el mismo pájaro vuela a tu ventana durante varios días seguidos o las mariposas de rodean al salir de tu casa. Cecily tenía una ardilla amiga que llegaba y se sentaba en la ventana de su dormitorio y la observaba. Un día esta ardilla fue una ayuda tan grande que no dudó de que estuviera en nombre de sus ángeles. La noche previa a un evento importante, Cecily puso su despertador a las 6:30 de la mañana para asegurarse de llegar a tiempo. A la mañana siguiente, mientras dormía, escuchó unos golpecitos en su ventana. Se despertó alarmada y encontró a su ardilla amiga repiqueteando su ventana y mirándola. Repiqueteó y repiqueteó hasta que ella miró su reloj y se dio cuenta que eran las 6:32 de la mañana y su despertador no había sonado. ¡Ahora Cecily dice que ese fue su despertador preferido!

Secuencias de números

A los ángeles les encanta utilizar números para enviarnos mensajes. Cuando empieces a pedir señales, no te sorprendas si comienzas a ver secuencias de número repetidos por todas partes. Las secuencias de números se pueden encontrar en relojes digitales, matrículas y hasta en las cajas. Verás que cada grupo de números que se repite se relaciona con un mensaje angelical. El 11:11 es una secuencia común; quiere decir que estás pasando por un momento espiritual transformativo o de conciencia espiritual. Cuando observas otros números repetitivos, como 444 o 555, pregúntale a los ángeles qué mensaje están intentando enviarte.

Algunos momentos excelentes para comunicarte con tus ángeles son a primera hora de la mañana o antes de acostarte. Tienes menos posibilidad de estar distraído y más posibilidad de estar en un estado relajado y receptivo.

Bloqueos en la orientación angelical

De vez en cuando, no podemos recibir mensajes claros de nuestros ángeles. Nunca interpretes esto como una señal de que los ángeles no se quieren comunicar. En la mayoría de los casos, estamos bloqueando la orientación por nuestra cuenta, sea con nuestros hábitos o creencias. Aquí hay una lista de bloqueos comunes en la orientación angelical.

Demasiado ocupado, cansado o distraído para conectarte

Para conectarnos efectivamente con nuestros ángeles, debemos estar quietos y enfocados. Cuando estamos apurados, haciendo varias cosas a la vez o demasiado cansados, no estamos en un buen espacio para recibir y comprender los mensajes que nuestros ángeles nos están enviando. El drama elevado en nuestras vidas también nos mantiene fuera del círculo intuitivo. Estar sumido en nuestro propio drama o el drama de seres queridos nos liquida nuestra energía y nos arrebata la atención de las cosas más importantes. Las imágenes guiadas, meditación y respiración profunda nos ayuda a volver a ese estado receptivo.

Te cuesta comprender a tus ángeles

A veces necesitamos hacerles saber a los ángeles que nos está costando recibir un mensaje claro de ellos. Puedes pedirle a tus ángeles más claridad en los cuatro canales de comunicación intuitiva. Cuando te está costando comprender el significado de las imágenes visuales, pídele a los ángeles que te aclaren el mensaje que te están enviando. Pregúntales el significado de los símbolos que estás recibiendo. Si se te hace difícil escuchar lo que los ángeles te están diciendo, pídeles que alcen la voz. Puedes de repente saber algo pero no comprender el contexto. Pídeles a tus ángeles que te den los detalles. Una emoción fuerte te puede pegar de la nada, o de repente te puedes encontrar con piel de gallina. Pregúntales a los ángeles que significan esas sensaciones.

Te sientes ridículo o crédulo

¿Qué pensará la gente? Esta puede ser la pregunta que te cruza la mente al comenzar a conectarte con tus ángeles. Quizás te preguntas si tu cónyuge, pareja, amigos o familia pensarán que eres raro o estás delirando cuando se enteren que los ángeles te están enviando mensajes. Algunos pueden pensarlo y otros no, pero es un riesgo que vale la pena tomar. El beneficio de tener a los ángeles en tu vida diaria pesa mucho más que el juicio potencial de los demás.

Ten la seguridad de que usar tu intuición y comunicarte con tus ayudantes espirituales no es un fenómeno único para locos. ¡La espiritualidad y las prácticas espirituales ya están establecidas en nuestra cultura! En 2006, los libros espirituales fueron el segmento de mayor crecimiento en el mundo editorial con ventas superando los 263 millones. Si todavía tienes alguna duda, mira a Oprah, Ellen DeGeneres y otras personalidades de los medios, ya que a menudo están hablando sobre el crecimiento personal y la espiritualidad.

"¿Me lo estoy inventando?" "¿Y si soy yo?". A veces pensamos que estamos siendo demasiado crédulos si aceptamos el primer mensaje que nos llega. Puede llegar demasiado fácilmente, o la voz en nuestra mente puede sonar similar a la nuestra. Sin embargo, cuando pedimos ayuda, la mayoría de los mensajes que escuchamos, vemos y sentimos vienen directamente de nuestros ángeles. Con el tiempo, la confianza y la práctica, comprenderemos mejor cuáles mensajes son angelicales y cuáles no.

Demasiado doloroso para ser verdad

Cuando hemos estado escondiendo una parte nuestra o de nuestro pasado, los ángeles pueden representar una dosis sólida de la realidad. Nuestros ángeles nunca nos juzgan, pero saben todo sobre nosotros. Con amor, nos dicen la verdad dentro de toda situación. Si hemos enterrado nuestro dolor, podemos llegar a negar esta verdad cuando recibimos un mensaje angelical. Esto nos puede llevar a bloquear el mensaje por completo, o podemos negar que el mensaje es certero. Cuando se te hace difícil percibir la verdad, pídeles a los ángeles que te ayuden a recuperar o reconocer lo que tienes escondido.

Esperas tener miedo

Nuestra clarividencia se puede bloquear si tenemos miedo de lo que podemos llegar a ver. Con la popularidad de las películas de terror, no es sorprendente que algunos de nosotros vacilemos en cuanto a ver lo desconocido. Un miedo profundo de ver imágenes fantasmales o aterradoras puede apagar nuestro tercer ojo. Otro bloqueo para ver más allá del velo son los ángeles mismos; no se nos presentarán hasta que estemos listos. Pídeles a los ángeles que te ayuden a librarte de tus miedos y aprensión. Confía en que ver un ángel es una experiencia llena de amor, reconfortante y hermosa.

Esperas florituras

Está en la naturaleza humana desear lo más grande y mejor de todo. Esto incluye las experiencias intuitivas. Cuando comenzamos a comunicarnos con nuestros ángeles, algunos de nosotros bloqueamos nuestros canales extrasensoriales al tener expectativas poco realistas. Podemos frustrarnos tanto al no tener la experiencia que deseamos, que terminamos minimizando o descalificando cualquier comunicación que nos envían.

Por ejemplo, a través de los años, Cecily ha descubierto que algunos de sus estudiantes inicialmente están tan enfocados en ver a un ángel que se pierden los mensajes sensoriales y las sincronizaciones que los rodean. Recuerda, la comunicación angelical a menudo es sutil. Es mejor no tener nociones preconcebidas de cómo será la comunicación inicial con tus ángeles.

Si quieres desarrollar o fortalecer uno de tus canales intuitivos en particular, llevará práctica. Un atleta no espera ser campeón sin practicar, y lo mismo vale para aquellos de nosotros que estamos aumentando nuestras capacidades intuitivas.

Cuando te está costando conectarte con tus ángeles, crea un lugar imaginario de encuentro e invita a tus compañeros celestiales a que te encuentren allí. En un estado relajado, visualiza un lugar hermoso y reconfortante para interactuar con tus ángeles. Puedes elegir un bosque frondoso o una orilla de mar tranquila. Viaja al medio ambiente que te traiga más alegría y tranquilidad. Con todos tus sentidos, toma nota de todo lo que te rodea. ¿Qué sientes, ves, escuchas y hueles? Los ángeles se te presentarán de la forma más fácilmente comprensible para ti. Puedes encontrarte con tus ángeles en tu lugar especial todas las veces que lo desees.

Demasiado esfuerzo

Recibir la comunicación angelical es un proceso que fluye; es un proceso del corazón sobre la mente. Cuando pensamos las cosas o nos concentramos demasiado para comunicarnos con nuestros ángeles, bloqueamos la fluidez. A menudo pasamos tanto tiempo en nuestras cabezas que puede ser difícil sacar a nuestras mentes de la ecuación, pero esto es exactamente lo que necesitamos hacer.

La comunicación angelical no se puede esforzar y no es una práctica intelectual. Es importante dejar que la información simplemente nos llegue sin analizar cada detalle. Una manera excelente para silenciar la mente y dejarte ir es simplemente disfrutar de la experiencia como lo haría un niño, sin demasiado diálogo interno ni necesidad de obtener todas las respuestas.

Puntos esenciales

- Todos tenemos capacidades intuitivas y recibimos orientación angelical a través de los canales de comunicación intuitiva.
- La comunicación angelical a menudo es sutil; es importante aprender el lenguaje de los ángeles para no perderte las señales.
- Una de las mejores maneras para conectarte con los ángeles es a través de la escritura.
- A los ángeles les gusta dejarnos señales como prueba de que están con nosotros.
- Los ángeles siempre intentan comunicarse con nosotros, pero a veces se interponen nuestras propias creencias y hábitos.

Capítulo 8

Cómo reconocer la orientación angelical

Diferencia entre la orientación auténtica y la falsa

Mensajes que a menudo recibimos de los ángeles

Señales comunes de orientación falsa

Cómo realzar nuestro don natural de discernimiento

Cuando comenzamos a conectarnos con los ángeles, es común dudar si la orientación que estamos recibiendo es "verdadera". No te preocupes —todo buen comunicador de ángeles comenzó de la misma manera, sintiendo dudas y con miles de preguntas. Esta es una precaución innata que tenemos todos y en realidad trabaja a nuestro favor.

El simple hecho es que toda orientación no es igual. Aunque nos gustaría creer que solo estamos recibiendo mensajes directos de los ángeles, este no es siempre el caso cuando bloqueos de comunicación o frecuencias vibratorias bajas nos impiden conectarnos con la energía angelical que buscamos.

Por suerte, hay varias reglas básicas que nos ayudan a discernir entre estar o no conectados con los ángeles. Solo se necesita un deseo sincero de reconocer la orientación angelical —y algo de prueba y error— para comenzar.

La pura verdad: cómo reconocer mensajes angelicales auténticos

Los ángeles son fuentes de orientación, claridad y dirección divina, que tienen como preocupación más importante a nuestro bienestar y propósito. Una verdad angelical clave es que sus mensajes siempre reflejan estos principios llenos de amor de una manera tranquila, comprensiva y paciente. Hasta durante un peligro inminente, la comunicación angelical constantemente brinda apoyo y ánimo, y no es frenética ni aterradora.

Introducción a los ángeles

Si la orientación comienza con "yo", es probable que nazca de tu propio ego —por ejemplo, "Yo estoy bien encaminado en mi carrera".

Presta atención al lenguaje

Descubrirás que los ángeles no hablan de la misma manera que nosotros los humanos. Una de las maneras más fáciles de saber si estás comunicándote con tus ángeles es observar como se refieren a sí mismos contigo. Como los ángeles no tienen ego, tienden a trabajar en grupos y llamarse "nosotros" en plural. Aunque esperes conectarte con solo un ángel, siempre escucharás "nosotros" en vez de "yo".

Otra práctica delatadora de los ángeles es la manera en que se dirigen a nosotros en una conversación angelical normal. Su tono es formal y cariñoso. Los ángeles no usan discurso casual ni jerga, así que no esperes que te digan "compinche" o "amiga". En realidad prefieren apodos más cariñosos y arcaicos como "ser querido", "amado" o "queridísimo".

Los mensajes positivos a apoderados de los ángeles son enfocados y al punto, y a veces nos brindan ciertas palabras tres veces para enfatizarlas, como "Sí, sí, sí". Cuando le escribimos a los ángeles (ver capítulo 7), tienden a ser más elocuentes. En muchas ocasiones, Cecily ha descubierto que, en las sesiones de dictado automático, los ángeles se comunican utilizando versos poéticos o intuitivos.

A nuestros ángeles les encanta brindarnos sugerencias para mejorar nuestras vidas, pero nunca demandan nada ni nos dicen qué hacer. Las sugerencias se repiten paciente y constantemente día tras día, hasta que nosotros finalmente decidimos seguirlas o dejarlas pasar.

Radar angelical

En seguida sabrás si estás conectado con el reino angelical utilizando tus sentimientos extrasensoriales como radar angelical. Primeramente, los ángeles se sienten diferente que nosotros. Su orientación puede llegar a través de nuestros propios sentidos, pero son suficientemente diferentes como para que a menudo nos cuestionemos el momento. La energía angelical se "siente" naturalmente cariñosa y reconfortante. De hecho, es común encontrar que una reconfortante vibración palpable acompañe a cada mensaje de un ángel.

La orientación angelical nunca es anodina ni aburrida. De hecho, una buena dosis de energía de luz puede dejarte sintiendo seguro y tranquilo o estimulado y entusiasmado. A menudo estos sentimientos positivos son la reliquia de saber, en el fondo, que la orientación no es solo verdadera sino muy significativa.

Aquí hay algunos ejemplos de lo que es sentir la verdadera orientación:

- Lo que sientes de corazón corresponde a la orientación recibida.
- La preocupación se ve reemplazada por una sensación de paz.
- Tienes un momento eureka.
- Tienes sentimientos de esperanza positiva.

Los próximos pasos son claros. Ya no necesitas dudar ni sentir indecisión dentro de lo que te concierne.

Sueños intensos y fuertes que son fáciles de recordar pueden, de hecho, contener mensajes de tus ángeles. Al contrario, sueños normales y fáciles de olvidar no han sido tocados por tus ayudantes celestiales.

Pide señales

Los ángeles siempre están dispuestos a ayudarnos a discernir entre la orientación divina y la falsa. Una de las maneras preferidas de Cecily para recibir confirmación de sus ángeles es pedirles que le envíen una señal de que está bien encaminada. Nunca específica qué tipo de señal quiere recibir —eso lo deja en manos de sus ayudantes celestiales.

Por ejemplo, Cecily quería saber si podría comenzar una familia pronto. Le pidió a sus ángeles una señal. Dentro de unos minutos, sintió un baño cálido que la envolvía y la llenó de entusiasmo. Al no querer ilusionarse, les pidió una segunda señal. Un rato más tarde, Cecily salió de su casa y encontró que la única persona en su calle, normalmente muy transitada, ¡era una mujer embarazada caminando hacia ella!

Típicos mensajes angelicales

Aquí tienen algunos de los mensajes típicos que recibimos de nuestros ángeles. Nota como todos son positivos:

- "Paciencia, paciencia, paciencia. Todavía no es el momento, querido. El tiempo divino llegará pronto".

- "Querido, descanse ahora, no es necesario preocuparse. Pronto verá que las cosas se arreglarán. Libérese y no intente controlar el resultado".

- "Queridísimo, le pedimos que de un paso hacia atrás de la situación presente y la observe desde un lugar superior. Todo no es lo que parece. Le advertimos mientras se adelanta. Busque la verdad que le será revelada esta semana".

- "Amado, ahora está en un lugar de abundancia. No tenga miedo de seguir adelante y perseguir sus sueños. Piense a lo grande y crea en su derecho innato de experimentar lo mejor en esta vida. Usted es una estrella brillante".

- "Querido ser, lo estamos cuidando y enviando mucho amor durante estos tiempos difíciles. No hay necesidad de sentirse solo, ya que nosotros siempre estamos a su lado, listos para consolarlo y apoyarlo. Lo único que necesita hacer es pedir".

Consejos celestiales

Para recibir, debidamente, la orientación divina, no edites los mensajes para que cuadren con tu agenda. Los ángeles no siempre te dirán lo que quieres escuchar, pero asegúrate de escuchar el mensaje completo porque siempre se considera ser lo mejor para ti.

Advertencias de orientación falsa

¿Qué pasa con aquellos momentos en donde sigues inseguro de la orientación que estás recibiendo? Hay advertencias clave que indican que los mensajes que estás recibiendo no son de naturaleza angelical. La orientación falsa viene en dos formas: a través de nuestro propio ego o a través de almas menos evolucionadas.

El ego infame

A menudo, cuando estamos preocupados de que estamos inventando algo o es solo nuestra imaginación, nos estamos refiriendo a nuestro ego controlando y bloqueando toda comunicación externa. El ego no es una facultad espiritual, sino una muy humana. El ego es el "yo", distinto del mundo y los demás. En el psicoanálisis, el ego es la división entre el psique que está consciente, más inmediatamente en control de nuestros pensamientos y conductas y está más comunicada con la realidad externa. Es un mecanismo de supervivencia que hemos llevado con nosotros a través de la vida y que normalmente trae las mismas barreras, miedos, hábitos y cargas emocionales y mentales, cada vez que puede.

Nuestro viejo amigo el ego es como un maestro en decirnos que somos demasiados o nada buenos. A diferencia de los ángeles, raramente nos hace sentir consolados, protegidos o felices. De hecho, tiene una habilidad con la que nos deja más confundidos, aprensivos y ansiosos que antes. Se podría decir que el único momento en que el ego nos deja con una sensación positiva es cuando nos dice lo que queremos escuchar a través de nuestros propios deseos, en vez de ofrecernos la verdadera orientación que buscamos.

En los años veinte, el psiquiatra austríaco Sigmund Freud, quien fundó la escuela psicoanalítica de la psicología, propuso que la psique se podía dividir en tres partes: ego, superego e id. El id es la parte infantil e impulsiva del psique que quiere lo que quiere sin importar las consecuencias, mientras que el superego sirve como ejemplo moral del psique sin importar el panorama general. El ego racional es el mediador que busca equilibrar entre el hedonismo irracional del id y el moralismo extremo del superego. Los pensamientos y las acciones de una persona a menudo se ven reflejados a través del ego. Cuando se encuentra amenazado o cargado, el ego puede utilizar mecanismos de defensa como la negación, la regresión, la fantasía, la compensación y la proyección. Estos mecanismos de defensa son los culpables de la culpa, la ansiedad y la inferioridad.

Recursos poco fidedignos

Hasta con las mejores intenciones, de vez en cuando podemos prender el canal de comunicación equivocado. Parecido a buscar la frecuencia justa en una radio, es posible que nuestra antena intuitiva reciba señales de extraños del otro lado en vez de nuestros ángeles.

Al principio, quizá no estemos tan desilusionados. Al fin y al cabo, todos los que cruzan al otro lado están iluminados celestialmente, ¿no? ¡No te creas! Solo porque alguien cruzó para el otro lado a un plano superior no quiere decir que ahora es automáticamente angelical y sabia de naturaleza.

La conciencia superior está disponible para todos; sin embargo, como todos tenemos libre albedrío, no es un hecho que evolucionemos espiritualmente cuando dejamos nuestros cuerpos físicos. Si una persona fue mala, egocéntrica o ignorante en la Tierra, estas cualidades pueden permanecer en la vida después de la muerte. Por ejemplo, tu vecino gruñón puede haber visto los errores en su manera de ser y se puede haber vuelto paciente y bueno con la muerte, pero de igual manera puede seguir siendo el cascarrabias autoritario que recuerdas.

Cualquier orientación que podemos llegar a recibir de estas almas de vibración baja debe ser tomado como un granito de arena. Por ahí están buscando manipular a alguien o, rara vez, realmente quieren ayudar. De todas maneras, no poseen la comprensión y sabiduría superior de los ángeles. Nuestro crecimiento espiritual no les importa, y la orientación que sí nos brindan, a menudo juega a favor de nuestro ego en vez de nuestro espíritu superior. Las almas menos evolucionadas realmente no tienen poder y pueden ser fácilmente descartadas con la protección angelical (ver capítulo 9).

Las siguientes son algunas señales comunes de orientación falsa:

- Mensajes que falsamente agrandan el ego —prometiendo fama y fortuna y haciéndote ver como más "especial" que los demás.

- Orientación que te hace sentir preocupado, impotente, aterrado o deprimido.

- Advertencias o predicciones de desastres futuros.

- Mensajes siempre cambiantes y al azar.

- Mensajes que te dejan con una sensación negativa.

- Mensajes que contienen chismes o critican a otros.

- Orientación confusa y difusa.

- Mensajes que se sienten forzados y antinaturales.

- Orientación que llega como una orden en vez de un pedido.

consejos celestiales

No es sabio buscar mensajes angelicales a través de tableros ouija, espirituales o angelicales. Aunque parecen inofensivos, una mayoría de videntes y espiritualistas (incluyendo el profeta famoso Edgar Cayce) han encontrado que tienen a abrir los canales de comunicación con las almas menos evolucionadas.

El poder del discernimiento

El proceso de afinar nuestros poderes de discernimiento lleva intuición y confianza. Conectarnos con lo que conocemos y sentimos a un nivel intuitivo en realidad se transforma en nuestra guía más importante al recibir mensajes.

Es importante que escuchemos las preguntas o alertas que aparecen mientras asimilamos la orientación que se nos ha brindado. ¿Se siente como una verdad interna? ¿Está bien que yo siga está orientación? ¿Esta información me limitará o me expandirá? En el fondo sabemos lo que mejor nos conviene, así que solo debemos aceptar la orientación que nos suena bien en nuestro corazón. Si hay duda, entonces existe una gran posibilidad de que nuestros ángeles no son parte de la ecuación. Reconocer y utilizar nuestra propia sabiduría interna nos lleva hacia la orientación superior.

Puntos esenciales

- Toda orientación no es igual. Los ángeles tienen una manera especial de enviarnos sus mensajes.
- Los sentimientos pueden servir de radar angelical.
- Si se los pedimos, los ángeles felizmente nos brindarán señales de confirmación luego de enviarnos un mensaje.
- Nuestro propio ego y las almas menos evolucionadas son las formas más comunes de orientación falsa.
- Todos sabemos, en el fondo, cuál es la verdad para nosotros y podemos detectar cuál es la orientación que nos conviene.

3ᴬ parte

Cómo trabajar con los ángeles

La tercera parte te lleva al próximo nivel de comunicación angelical. Aquí aprendes sobre la protección y sanación angelical, el vínculo especial entre los ángeles y los niños y la conexión espiritual entre las almas gemelas. También aprendes rituales y ejercicios que traen a los ángeles de gran ayuda junto con su influencia positiva a tu vida diaria.

capítulo 9

Protección angelical

Cuáles ángeles llamar para la protección

Consejos para estar seguro en la vida diaria

Ladrones comunes y los mejores vivificadores de energía

Historias reales de protección angelical

Los ángeles son nuestros mejores protectores dentro de nuestro viaje terrenal. Enviados por Dios, siempre actúan con nuestros intereses en mente, manteniéndonos seguros del peligro cuando los llamamos. De hecho, esto es lo que la gente alrededor del mundo siente que es el primer deber de los ángeles. De acuerdo a esto, ellos ponen su fe y confianza en los mensajeros de Dios.

Mucha gente habla sobre estar protegido por sus ángeles de la guarda. Una encuesta de 2008 hecha por Baylor University Instute for Studies of Religion, demostró que más de la mitad de todos los americanos creen que han sido ayudados o protegidos por un ángel de la guarda en el transcurso de sus vidas. Los ángeles nos pueden proteger diariamente de accidentes, traumas y energía negativa, brindándonos más seguridad y paz en nuestras vidas.

Pedir esta protección nunca es difícil, y no hay límite en cuanto a la cantidad de ángeles que nos pueden servir. Sin embargo, luego de llamar a los ángeles, nunca sabremos cuántas veces estos guardas increíbles nos ayudan a evitar el peligro cada semana, cada día o en cada momento.

El Arcángel Miguel y la protección

A través de la historia ha habido muchos cuentos sobre los poderosos ángeles protectores, y ciertamente el más popular de estos protectores es el Arcángel Miguel. El Arcángel Miguel es conocido como el arcángel supremo de ayuda y protección. Cuando lo llaman, él no solo interfiere en nuestro nombre, sino también ayuda a erradicar la energía del miedo que nos rodea y nos brinda valentía. Cuando nos sentimos con miedo o inquietos, el Arcángel Miguel es nuestro guardaespaldas más poderoso.

Podemos llamar al Arcángel Miguel cada vez que sintamos que una situación es demasiada agobiante o difícil para manejarla solos. Para problemas más pequeños, siempre es apropiado llamar a nuestros ángeles de la guarda o ángeles de la seguridad.

Introducción a LOS ángeles

La maestra espiritual Sonia Choquette pide que los arcángeles la acompañen a través del día, uno de cada lado, uno adelante y uno atrás para proteger lo que no ve. Siempre llama a "los archies" (su apodo cariñoso para los arcángeles) para que la ayuden a seguir adelante.

La protección en la vida diaria

Aceptémoslo, la vida hoy en día está bien lejos de lo que era en los años cincuenta y sesenta. Vivimos tiempos turbulentos y a menudo caóticos donde debemos mantener un equilibrio en el que nos protegemos a nosotros mismos sin abrumarnos, sentirnos discapacitados o aislados del miedo. Los ángeles nos pueden dar la protección extra que necesitamos sin tener que poner en riesgo nuestra felicidad o cordura. Donde sea que nos lleven nuestros viajes, los ángeles nos resguardarán del peligro.

En la vida diaria, donde a menudo estamos bombardeados con todo tipo de energía del público, podemos pedir el mismo tipo de protección angelical en un centro comercial lleno de gente o un vecindario inseguro. A nuestro pedido, los ángeles de la guarda, el Arcángel Miguel o los ángeles de la seguridad volarán a nuestro lado cuando estamos necesitando un escudo angelical. Despejarán la energía negativa que nos rodea y nos ayudarán a librarnos del miedo y la ansiedad al establecernos en un estado más tranquilo.

Cuando buscas protección angelical, es importante prestar atención a tus propios sentimientos internos e intuición. Muchas veces nuestros ángeles se comunican con nosotros a través de señales intuitivas, y si escuchamos estás "corazonadas", nos pueden ayudar a salir de situaciones desagradables o nos pueden guiar a evitarlas por completo.

La protección del hogar

Nuestra casa puede ser nuestro castillo, pero lo que representa un hogar es un tesoro aun más valioso. Nuestro hogar es nuestro espacio sagrado, el lugar donde bajamos la guarda. Así que tiene sentido que el tiempo que pasamos en nuestra casa o apartamento debe ser armonioso, pacífico y seguro. Hay maneras simples de mantenernos a nosotros mismos y a nuestras familias protegidas de energía negativa y gente violenta tanto afuera como adentro de nuestro "castillo".

Aquí hay algunas recomendaciones angelicales para proteger el hogar:

- **Haz una limpieza cada tantos meses** —Cuando limpiamos nuestras casas al lavar las paredes, limpiar las alfombras, etc., estamos ayudando a despejar la energía negativa que se ha acumulado de nuestra familia y aquellos que nos visitan.

- **Haz ruido** —Aplaudir, entonar, sonar una campana y utilizar un bol de canto ayuda a disipar energía negativa estancada y pesada del hogar. Ve de cuarto en cuarto y asegúrate de utilizar estos métodos en cada rincón del cuarto, donde la energía atrapada tiende a estancarse.

- **Pídele a los ángeles que se pongan de guardia** —Antes de salir de la casa o irte a dormir, llama a la energía angelical en cada cuarto de tu hogar. Luego pon grandes ángeles alrededor de la casa para formar un círculo protector. Pon a dos ángeles a cada lado de la puerta de entrada y luego un ángel en cada dirección: este, oeste, sur y norte.

- **Comparte recuerdos alegres** —Las fotos contienen energía. Pon fotos alegres de amigos y seres queridos alrededor de la casa para elevar la energía positiva.

- **Rocía los cuartos** —Rociadores angelicales purifican tu aura y el medio ambiente. En general son una infusión de esencias de plantas y gemas cargadas con energía angelical. Rocía cada cuarto según sea necesario. Utilízalos para energía estancada, luego de que partan visitas negativas o después de una discusión. Puedes comprar estos rociadores en compañías de perfumes como Aura Cacia o Sanctuary, o puedes hacer tu propio rociador angelical (ver recuadro en la siguiente página).

- **Utiliza humo bendito** —Quemar una planta de salvia seca es una técnica antigua para disipar energías no deseadas en el hogar. Usa la salvia en cada cuarto de la casa para conseguir los mejores resultados. Este es un ritual poderoso para usar al mudarse a un hogar nuevo; quita las energías de los dueños o inquilinos pasados.

  La planta de salvia es una planta perenne arbustiva dentro de la familia de la menta. Muchos indios americanos a través de la historia la han utilizado con fines medicinales, así como también ceremonias religiosas. Esta planta altamente aromática se ha usado para limpiar el cuerpo, un objeto o un lugar designado de influencias negativas. Quemar salvia en ceremonias religiosas se hace para expulsar sentimientos y pensamientos negativos, y para mantener a las entidades negativas lejos.

- **Utiliza decoraciones angelicales** —Pon fotos y estatuas angelicales alrededor de tu hogar para protección adicional.

La protección en el auto

Cuando pensamos en todos los posibles peligros de la calle, es increíble que la mayoría de nosotros lleguemos a nuestro destino todos los días tan fácilmente y enteros. Alguien o algo debe estar protegiéndonos, ¿no? ¡Así es! Nuestros ángeles de la guarda nos impiden dejar la Tierra antes de tiempo, y si queremos más protección al viajar, solo necesitamos pedirlo.

Para hacer tu propio rociador, elige aceites esenciales tales como salvia blanca, lavanda, limón, sándalo, menta y rosa. Busca aceites prensados en frío.

Necesitarás lo siguiente:

1 gema pequeña de tu elección

30 gotas de aceite esencial (como lavanda)

30 gotas de aceite esencial (como sándalo)

1 cucharada de vodka

½ taza de agua destilada

Deja la gema al sol o sobre una repisa de una ventana para cargar el cristalino con cualidades de energía. Mezcla los aceites esenciales con el vodka. Mezcla los aceites y el vodka con el agua destilada en un frasco de vidrio con una tapa ceñida y pon las gemas en el fondo del frasco. Bate todos los días durante una semana para ayudar a que las fragancias se suavicen y mezclen. Luego de una semana, vierte la mezcla y la gema en una botella de cuatro onzas con un atomizador.

Cuando Cecily se sube a su auto, siempre llama al Arcángel Miguel como protección. Luego rápidamente visualiza a varios ángeles formando un círculo protector alrededor de su auto. Algunos de sus clientes se han sentido más protegidos al visualizar a un ángel en el asiento de copiloto o el asiento trasero.

La protección en un avión

Para algunas personas, volar puede ser aterrador, ya que como pasajeros, ponemos nuestras vidas en manos de los pilotos, mecánicos y controladores de tráfico aéreo. Los ángeles le recordaron a Cecily que todos debemos acordarnos de también poner nuestras vidas en las manos de Dios. Como mensajeros de Dios y nuestros protectores, los ángeles pueden ser una parte tranquilizadora y constante de nuestros viajes en avión. Cecily ha compartido este sumamente efectivo consejo de protección angelical con estudiantes y amigos. Al despegar, llama a los ángeles para que se unan a ti en tu viaje. Luego imagina una gran ala blanca de ángel pegada a cada ala del avión, aleteando poderosamente para ayudar a que el avión despegue de manera segura. Cada vez que te sientas nervioso en el vuelo, busca reconfortarte con los ángeles a tu lado y visualiza fuertes alas angelicales protegiendo el avión y llevándote de manera segura a tu destino.

Protégete a ti mismo

Aquellos con el don intuitivo de clarisensibilidad o empatía (ver capítulo 7) son especialmente vulnerables a las energías con las que tienen contacto. Un clarisensible es alguien que tiene la sensibilidad realzada en cuanto a las emociones de otras personas y las sensaciones de energía en general. Parecido a una esponja, estos individuos puede absorber tanta información energética y emocional que se pueden abrumar y confundir, a menudo contrayendo energía externa como propia. Aquellos que trabajan con el público o tienen contacto regular con la gente están especialmente susceptibles a ser drenado por la energía emocional negativa.

Mantente alerta. Hay tres maneras comunes en las que nos pueden robar la energía o contaminarla:

- **Ataque vidente** —Alguien consciente o inconscientemente te envía energía negativa. Esta persona te puede resentir o tener envidia.

- **Vampirismo vidente** —Una persona puede ser necesitada, enferma o disfuncional y está en busca de un estímulo. Actuando como un colador humano, este individuo sin querer se conectará a tu fuente de energía, lo cual te llevará a un gran drenaje de tu vitalidad. Todos hemos experimentado gente que nos deja agotados después de solo unos minutos en su presencia.

- **Deshechos videntes** —La energía negativa de otra persona se acopla a ti y te afecta negativamente. Parecido a un virus de aire, la energía negativa puede extenderse de persona a persona.

iluminaciones

Aunque puede parecer que ser clarisensible crea una vida de alto mantenimiento, hay varias ventajas al tener estos dones intuitivos. La entrenadora espiritual Alora Cheek, una clarisensible, le gusta hablar sobre el poder y las recompensas de aquellos con esta naturaleza altamente sensible. Más que un clarividente o un "vidente" normal, ella y otros similares a ella pueden sentir la energía; mover la energía y, dada su facilidad estelar de leer los sentimientos de la gente, puede facilitar transformaciones que alteran vidas.

Escudo angelical

Con todas las maneras en que nuestra energía puede ser robada o el sinnúmero de maneras en que somos vulnerables al mundo exterior, ¿qué podemos hacer para unirnos a los ángeles y recibir la mejor protección? Los ángeles nos quieren apoderar al enseñarnos a poner límites con otros y el mundo que nos rodea. Los límites débiles o insalubres atraen desequilibrios de energía con otros, lo cual nos deja agotados o en un juego de poder. De igual manera, límites débiles son más probables de atraer caos o seres más bajos que ya no habitan un cuerpo físico.

¿Cómo delineamos los límites que necesitamos? Aquí tienen algunos de los escudos preferidos de los ángeles:

- **El escudo de luz blanca** —Cuando estés en una situación incierta o alrededor de escurridores de energía, visualiza que una brillante luz blanca luminiscente te rodea. O te puedes imaginar con una capa de luz blanca. Esta es la luz divina del universo.

- **El escudo de llamas azules** —Cuando estés en una situación peligrosa o aterradora, visualiza unas intensas llamas azules irradiando a tu alrededor. Estas llamas de protección son un regalo directo del Arcángel Miguel.

- **Bloquea el plexo solar** —Nuestro chakra del plexo solar es el asiento de nuestro poder personal. Cuando estamos en contacto con un agotador de energía, podemos mantener nuestros límites al cubrir el plexo solar con un escudo de luz de color. Visualiza un escudo de luz violeta o rosado cubriendo tu tercer chakra.

- **La telaraña de Spiderman** —Sonia Choquette, la maestra espiritual de Cecily, le enseñó este metodo de protección y se volvió uno de sus preferidos. Cuando estés en un lugar encerrado, imagina que eres como Spiderman, con el poder de lanzar telarañas, excepto lo tuyo es una red de luz protectora. Simplemente lanza tu red de luz hacia cada rincón del cuarto y luego imagina que se pegan al techo. Así puedes construir un capullo protector de luz, sin importar dónde estés.

- **Conexión a la tierra** —Una de las mejores maneras de mantener límites fuertes y sanos es conectándote con la tierra al comenzar el día. Rituales simples para la mañana incluyen meditaciones terrenales, pararte o sentarte cerca de un árbol, enterrar tus pies en la tierra o sostener una piedra grande o un cristal conectado a la tierra, como un hematites, obsidiana o turmalina.

- **Ponte una venturina** —La venturina es un cuarzo de color verde claro que actúa como un escudo energético alrededor del corazón para protegernos de la negatividad de otra gente. Nos permite ser abiertos y cariñosos sin ser vulnerables. Lleva la piedra en tu bolsillo o úsala como una joya.

- **Cuerdas aka** —Estas son cuerdas que nos atan energéticamente a la gente que más nos importa. Las cuerdas aka son creadas a través de sentimientos fuertes y pensamientos constantes de una persona en particular. Cortar estas cuerdas con otros puede ser un protector energético altamente efectivo. Cuando te sientes bombardeado por energía negativa o te sientes agotado, gruñón o ansioso sin razón, recuerda cortar las cuerdas con todos los que se hayan apegado, llamando al Arcángel Miguel. Di, "Le pido al Arcángel Miguel que use su espada poderosa para cortar todos las cuerdas aka que se han formado entre yo y los demás". Agradécele al Arcángel Miguel por su ayuda. También puedes utilizar el método de desencordar como una medida de protección cuando estés trabajando en público. Llama al Arcángel Miguel para que corte las cuerdas a través del día laboral. (Ver capítulo 10 para más información sobre las cuerdas aka).

La llama azul no es el único fuego espiritual poderoso. Hay una energía altamente transformadora conocida como la llama violeta. Al llamar a la influencia de la llama violeta, podemos facilitar la eliminación de nuestros errores pasados energéticamente. La llama violeta tiene el poder de transmutar la causa, el efecto y hasta la memoria de las malas acciones de nuestro pasado. El proceso de transmutación significa alterar en forma, apariencia o naturaleza. La llama violeta cambia la energía negativa a positiva y la oscuridad la transforma en luz.

Limpieza angelical

Así como tenemos que mantener nuestros cuerpos físicos saludables y fuertes para prevenir enfermedades, también tenemos que mantener el nivel vibratorio y el sistema energético fuerte para rechazar la negatividad, la hostilidad y el miedo. Hay cuatro maneras fáciles de limpiar nuestras auras y campos energéticos para incrementar nuestra protección:

- **Sanación de energía (Reiki)** —La sanación energética regular puede quitar bloqueos, despejar la negatividad y reparar los desgarrones en el campo de energía. Nos mantienen los chakras abiertos y circulando y nos ayuda a elevar nuestra vibración. (Ver capítulo 5 para más información sobre el Reiki).

- **Pasar tiempo en la naturaleza** —Los hawaianos antiguos sabían que el mundo natural contenía bastante energía de fuerza vital o mana. Nosotros podemos tomar parte de esta energía sanadora que nos rodea y eleva nuestra vibración. Las montañas, los cuerpos de agua (océanos, lagos, mares) y los bosques son los que más mana tienen. Ve afuera y conéctate con las vibraciones positivas.

- **Baños de sal marina y sal Epsom** —Darte un baño cálido y relajante con sal marina o Epsom es increíblemente limpiador para nuestro campo energético. Las sales estimulan la circulación de energía y ayudan a deshacer y librar las toxinas y el hollín de negatividad que están pegados al aura. El agua también se conoce por sus increíbles propiedades purificantes y rejuvenecedoras.

- **Aceites esenciales** —Los aceites de las plantas son los protectores perfectos de la naturaleza. Pueden conectarnos a la tierra al instante cuando los mezclamos con nuestro campo de energía, y su vibración alta puede ayudar a elevar la nuestra. Pásalos por tu aura poniendo una cantidad pequeña en tus manos, frótalas y luego pásalas por todo tu cuerpo de arriba abajo, a una pulgada de tu piel. Prueba con eucaliptos, enebrina o incienso. Los productos de Aura Soma funcionan de maravilla.

¿Dónde estaban los ángeles?

¿Los ángeles podrán prevenir que nos pasen cosas malas el 100% del tiempo que pedimos su ayuda y protección? La respuesta sencilla es no. Si experimentamos dificultades o accidentes, esto no quiere decir que los ángeles han fallado en su trabajo o no estaban escuchando nuestras oraciones. Los ángeles ciertamente estaban ahí a nuestro lado, pero no nos salvarán si se trata de una lección importante.

Nosotros, como humanos, siempre asociamos un final feliz como el mejor de los resultados, sin embargo a veces es importante que crezca nuestro alma a través de algunas lecciones dolorosas. Antes de que nuestras almas entrarán al mundo físico, pedimos aprender lecciones y hacer trabajo aquí sobre la Tierra. La manera en que se aprenden esas lecciones es parte de nuestro plan personal para hacer el bien más grande sobre la Tierra. De vez en cuando estamos conscientes del plan, pero a menudo no lo estamos. Esta tendencia a la inconciencia nos lleva a experimentar dolor, tristeza y enojo cuando sentimos que hay injusticias en nuestras propias vidas o las de los que nos rodean. Al contrario, los ángeles siempre ven cómo se va desarrollando el plan de Dios para el bien común de todos y tienen una comprensión superior de cada situación que vivimos.

Nuestro trabajo está en llamarlos cuando necesitemos su ayuda y confiar que los ángeles harán lo que indica la voluntad de Dios. Por suerte, nueve de diez veces, lo que nos viene bien es estar protegidos, guiados y consolados por los ángeles durante momentos desafiantes o dolorosos.

Aquí tienen un par de historias verdaderas sobre cómo los ángeles ayudaron y sirvieron a aquellos que los necesitaban.

consejos Celestiales

No es necesario estar constante o obsesivamente pidiéndoles ayuda o protección a tus ángeles a través del día. Un simple "ángeles, ayuda" es suficiente para llamar su atención y cuidado corriente.

El ángel de la protección

Durante la lucha de mi padre contra el enfisema, hubo un momento dos años antes de que falleciera en donde tuvo un ataque severo y terminó internado en el hospital con soporte vital. Estaba inconsciente mientras miembros de la familia se encontraban sentados en la sala de espera en un hospital del pequeño pueblo de Franklin, North Carolina, orando por su recuperación. No estábamos listos para dejarlo ir todavía, y en ese entonces sabíamos que el tampoco estaba listo para irse.

Mientras oraba y meditaba en la sala de espera, podía observar claramente (a través de la meditación, pero no físicamente en el cuarto), desde el pie de su cama en el hospital, a un ángel muy muy alto a su derecha. El ángel definitivamente era masculino, de más o menos diez pies de altura y tenía una cuerda dorada atada alrededor de su cintura por encima de su larga toga blanca. No recuerdo su cara, ni recuerdo ver alas, pero le dije a su esposa que estaría bien. Este ángel, le dije, claramente estaba ahí para protegerlo y rescatarlo.

De hecho, mi padre sobrevivió ese episodio y una noche le dijo a su esposa que mientras estaba en cama con soporte vital, estaba flotando alrededor del hospital y sabía quién estaba de guardia, cómo estaba el clima y muchas otras cosas. Sin embargo, recuerda que el reloj estaba dando vueltas fuera de control. También recuerda a un ángel parado al lado de su cama. Ella al instante le dijo, "¡Tienes que llamar a tu hija!". Y así lo hizo y yo le lloví a preguntas. ¿Era una presencia masculina o femenina? ¿Cuán alto? ¿Qué tenía puesto el ángel? ¿Dónde estaba el ángel dentro del cuarto? Sus respuestas llegaron sin titubear. "Era un ángel masculino, con una toga blanca y era muy alto, quizá alrededor de diez pies, y me estaba protegiendo, parado a mi lado derecho. Supe que estaría bien", me dijo.

Le tuve que preguntar sin decirle lo que había visto porque quería que me lo confirmará. ¡En efecto estaba ahí! Y entonces le confirmé lo que él había visto.

Dos años más tarde, cuando llegó la hora de que mi padre falleciera, sentí los ángeles otra vez. Sin embargo, quedaba claro que estaban ahí para ayudarlo a pasar para el otro lado, hacia la luz. Habían algunos, quizá tres o cuatro, y no andaban con vueltas. Era hora de seguir adelante, y ellos estaban ahí para ayudar. Nunca vi sus caras, pero sentí sus presencias claramente mientras él pasó silenciosamente de está vida a la siguiente a las 5:30 de la mañana, el 26 de diciembre de 1994.

—Denise Painter, Pensilvania

Salvada por un ángel

Estaba caminando por un sendo de piedras grandes, planas y desiguales durante mi estadía en el Hilton de Hawai (las llamaba "losas", pero creo que eran coral triturado y prensado). Mi cónyuge caminaba delante de mí mientras yo iba charlando con uno de los huéspedes, y él se adelantó muchísimo. El establecimiento consta de muchas millas, entonces le dije adiós al conocido nuevo y comencé a correr para alcanzarlo antes de que fuera demasiado tarde. En ese instante mi sandalia se enganchó con una losa elevada y me envió de cara al piso. Mientras caía, recuerdo pensar, "Me voy a romper la nariz, las rodillas y probablemente perderé algunos dientes". También recuerdo gritar: "¡Ángeles!". Todo ocurrió tan rápido, pero justo antes de que mi cara tocara la losa, sentí que me levantaban, daban vuelta horizontalmente hacia mi lado izquierdo y, al parecer, me largaban suavemente, como si viniera de los brazos de alguien. Caí sobre un pequeño pedazo mullido de tierra y pasto.

He sido una clarividente de ángeles desde los cinco años de edad, así que al mirar hacia arriba vi dos ayudantes más bien grandotes, el Arcángel Miguel y el Arcángel Rafael. Estaba sorprendida de no haberme desmayado, y lentamente me paré. Sentí el reconocido ardor y, al ver hacia abajo, noté que tenía unas raspaduras feas y sangrientas en cada pierna. No había nadie, así que poco a poco comencé a moverme. Mis piernas funcionaban. Toqué mis dientes y estaban todos firmes. Entonces me miré en un espejito y, sorprendentemente, no tenía ni una marca en mi cara. Mientras caminaba, un paso a la vez, hacia los primeros auxilios para atender a las heridas que sí tenía, no podía dejar de repetir: "¡Gracias, ángeles!".

—Nancine Meyer, Arizona

Puntos esenciales

- Los ángeles son nuestra protección más importante en la Tierra.

- El Arcángel Miguel es nuestro guardaespaldas angelical más poderoso.

- Los escudos y las limpiezas energéticas son las maneras más comunes de recibir protección para nuestro campo de energía.

- Nuestros amigos, parientes y el público general a veces, sin querer, nos drenan la energía con regularidad.

- Los ángeles nos quieren apoderar para que delineamos límites con los demás y mantengamos nuestros campos de energía fuertes y vibrantes.

capítulo 10

La sanación con los ángeles

Cómo sanan los ángeles

Los grandes bloqueos de la sanación divina

Determina las mejores maneras de pedir una sanación

Desencuerda para librar influencias no deseadas

La sanación angelical para las relaciones, enfermedades, adicciones, emociones y más

Cómo sanar al mundo

Una misión importante de los ángeles es la sanación. El servicio es su primera ocupación, así que es su deber y gusto hacer un trabajo tan importante para la humanidad. La sanación con los ángeles a menudo es una experiencia profunda que te altera la vida, ya que nos reestablecen la salud, el equilibrio y la plenitud en nuestras vidas. Como los ángeles siempre actúan bajo la voluntad de Dios, la sanación angelical es, en realidad, la sanación de Dios. Los ángeles se conectan directamente con el poder de sanación de Dios mientras rinden su maravillosas sanaciones milagrosas.

No creas que esto significa que los ángeles se quedan de brazos cruzados mientras Dios hace todo el trabajo. No hay vagos en esta historia. Los ángeles actúan como importantes conductos y mensajeros de la energía sanadora. Además, como pueden ver el panorama general, estos seres celestiales siempre toman su trabajo en serio.

Cuando nos ofrecen estar al servicio de cada uno de nosotros, los ángeles comprenden que están sanando al mundo, una persona a la vez.

La Iglesia Espiritualista provino del movimiento espiritualista, que comenzó en la década de 1840 en Estados Unidos. El servicio espiritualista en general es conducido por un pastor que a su vez es un médium. Hay una oración para comenzar la ceremonia, seguido de un sermón, himnos y contacto con los mundos angelicales y espirituales.

El poder de la sanación angelical

Una vez, Cecily visitó una Iglesia Espiritualista para escuchar al pastor hablar sobre la sanación espiritual. La pastora mayor había aprendido sobre el poder de la sanación espiritual y angelical a través de su propia batalla contra varias enfermedades. Había sido curada de cáncer dos veces, sobrevivió un tumor cerebrar mortal y, además, venció otra serie de enfermedades graves desde joven. Cecily estaba asombrada. ¿Cómo es posible que esta mujer siga viva y saludable? Parecía como si tuviera siete vidas. La pastora explicó que a través de su fe, la voluntad de vivir, la oración y la sanación con la energía angelical todavía estaba vivita y coleando.

Sanar con energía universal

Al leer la historia de la Iglesia Espiritualista, puedes estar tanto asombrado como perplejo con el ejemplo de alguien que repetidamente vence las probabilidades. La noción de sanar sin medicina y ciencia puede parecer un concepto bastante abstracto.

En realidad, la sanación angelical es bastante abstracta pero no por eso es menos real o efectiva que los tipos de terapia más comunes. En vez de procedimientos médicos, recetas y diagnósticos clásicos, los ángeles dependen de la fuerza de la energía universal. A menudo, se necesita la energía superior para efectivamente transformar cualquier emoción, pensamiento, patrón y programa que yacen debajo de nuestras enfermedades o relaciones disfuncionales.

La respuesta es el amor

La energía sanadora de los ángeles nos puede llegar en varias formas, incluyendo luz, vibración, sonido, símbolos, perspicacia divina y colores. Puede sonar como un cliché, pero el secreto para activar estos poderes especiales de sanación es la energía del amor. Sí, el amor puro y fluido. Con una infusión de amor universal, puede comenzar el equilibrio y la sanación. Sin la energía del amor, ninguna sanación es eficaz. Los ángeles trabajan para abrirnos los corazones, para que aceptemos la energía sanadora que tienen para ofrecer. Nuestros corazones nos conectan directamente con Dios, por lo que el primer orden del día de los ángeles es despejar nuestro chakra del corazón de cualquier bloqueo, creencias viejas y negatividad.

Una vez que la energía de nuestro corazón este fuerte, los ángeles pasan a purificar, equilibrar e integrar los centros de los chakras (ver capítulo 5) y alinear nuestros cuerpos energéticos con una conciencia superior. Esto es muy poderoso en cuanto a despejar y sanar temas y enfermedades en todos los niveles. Algunas personas pueden llegar a sentir la sanación como una caricia sutil vibratoria o una amplia calidez maravillosa.

Cecily recomienda estas imágenes guiadas para conectar al corazón con la sanación general:

1. Cierra los ojos y relájate, respirando profundo varias veces.

2. Imagina un profundo orbe verde radiante en frente tuyo. Nota como el orbe suavemente se transforma en un ángel noble. Este es el Arcángel Rafael.

3. Luego, observa mientras un orbe rosado radiante se forma en frente tuyo. El orbe se mueve y da vueltas y ves un ángel glorioso aparecer. Este es el Arcángel Chamuel.

4. Nota como el centro del chakra del corazón se abre en la presencia de estos dos ángeles poderosos. Luces verdes y rosadas te iluminan y brillan directamente en tu chakra del corazón.

5. Siente el amor y la calidez que te rodea. Los ángeles están sanando tu corazón y reemplazando el miedo con el amor universal.

¿Qué requieren los ángeles de nosotros?

La sanación angelical requiere de nuestra asistencia. No es suficiente quedarse parado mientras los ángeles hacen su sanación mágica. Debemos ser partícipes activos del proceso.

Aumentar la autoconciencia es un factor importante en la sanación. Los ángeles necesitan que reconozcamos nuestro comportamiento y pensamientos contraproducentes para poder ayudarnos adecuadamente. Este es el trabajo previo necesario para comenzar la gran sanación. A veces la sanación solo se puede lograr si pelamos, capa por capa, nuestras defensas y patrones negativos y dejamos brillar a nuestra verdadera esencia. Muchos nos olvidamos quienes somos con las presiones de la vida diaria, así es que debemos despertarnos y recordar que nuestra esencia es pura, llena de amor y sabiduría —creada en la imagen de Dios.

A menudo nos definimos a través del lente de nuestras experiencias. Cargamos creencias centrales sobre nosotros mismos y el mundo que nos rodea desde la niñez. Estas creencias infantiles y patrones están profundamente programados en nuestra mente.

Si los patrones negativos salen a la superficie y son identificados, con el tiempo, pueden tomar impulso y llevar a problemas en todos los aspectos de nuestras vidas. Por suerte, los programas negativos se pueden reemplazar con positivos. Analizaremos las dos creencias principales que nos impiden la sanación.

El factor falta de mérito

Uno de los impedimentos más grandes de la sanación es sentir falta de mérito. Cuando sentimos que no merecemos amor o bondad, estamos esencialmente diciéndole al universo que no merecemos la sanación. La energía universal es el amor. Cada vez que sentimos que no nos merecemos el amor, estamos quitando el ingrediente principal de la receta sanadora.

A menudo la falta de mérito es, en primer lugar, la culpable de la enfermedad y los temas difíciles. Cuando negamos el amor, nos estamos negando la capacidad de recibir y expresar lo que nace de nuestros corazones. Un corazón bloqueado causa desequilibrio y, al final, enfermedad en nuestros cuerpos y relaciones. Se necesita una intervención para encontrar el amor propio sin depender de la validación externa.

Con la ayuda de los ángeles, podemos aprender a aceptar todas las partes de nuestra persona, las buenas y las malas, y vernos completos y enteros —de la manera en que nos hizo Dios. La vida mejora cuando creemos que somos dignos del amor. Cuando somos abiertos, cálidos y cariñosos y enviamos vibraciones llenas de amor, el mundo responde favorablemente.

Introducción a LOS Ángeles

Para ayudar a fomentar el amor propio y la autoestima, haz una lista de lo que amas de ti mismo. No seas tímido. Piensa en por lo menos veinte cosas.

Dejar de ser víctima

Otra trampa en la que nos podemos encontrar es el mantenernos aferrados a la creencia de que somos víctimas de los caprichos de Dios y los que nos rodean. Este tipo de mentalidad de víctima puede ser muy mutiladora porque plantea que no tenemos control sobre nuestras vidas. Cuando mantenemos esta creencia cerca, a menudo pensamos que la enfermedad o los problemas son lo que nos toca en esta vida o estamos siendo castigados por Dios. Los ángeles saben que la humanidad no tiene víctimas, y desean ayudarnos a comprender este hecho esencial.

Hasta cuando la vida parece estar fuera de control, Dios no nos está reteniendo amor o castigando. La vida sobre la Tierra es una escuela a la cual venimos a aprender nuestras lecciones. Las pruebas llegan en forma de dificultades, retos y problemas. No creceríamos mental, emocional, física o espiritualmente sin estas pruebas. Los tiempos malos pueden ser oportunidades para que nosotros comprendamos, a un nivel mucho más profundo, cuánto amor está disponible dentro de cualquier situación —buena o mala.

Se consigue muy poca sanación sin una elección e intención clara y positiva de la persona que requiere ser sanada. La falta de poder no funciona. Por eso es que los ángeles necesitan que nos sintamos apoderados con nuestro regalo de Dios, que es la elección. Al no jugar el papel de víctima, siempre tendremos una elección dentro de toda situación. Una oración en la guía espiritual, *A Course in Miracles,* dice que cada decisión que tomamos es una elección entre una queja y un milagro.

La caja de herramientas para la sanación

Hay muchas maneras diferentes de ayudar a que los ángeles te sanen. Al igual que si estuvieras cargando con tus herramientas preferidas en una caja, imagina que cada uno de estos métodos está disponible para ti en cualquier momento para el servicio y reparo terapéutico en tu diario vivir. Simplemente saca estas técnicas de tu "caja de herramientas" proverbial y utilízalas para atraer a los ángeles y su sanación poderosa.

Recita una pequeña oración

La manera más rápida y efectiva de recibir la sanación angelical es a través de la oración. Una oración es línea de acceso directo a Dios. Cuando una oración es enviada a Dios, los ángeles están a la espera para actuar como mensajeros para aquellos que lo necesitan.

Los arcoíris sanadores

La energía sanadora de los ángeles se puede ver clarividentemente como luz de colores. Utilizando este don de clarividencia, la luz de colores se puede ver en el ojo de la mente, o con los ojos abiertos, como formas de color radiante que se extienden y representan la energía sanadora directa de los ángeles. Los ángeles canalizan esta luz de colores a nuestra propia aura o al campo áurico de otros, y dentro y alrededor de los órganos en el cuerpo que necesitan sanación.

Estas frecuencias de luz de colores llevan propiedades terapéuticas del color representado. Los ángeles saben exactamente qué tipo de terapia de colores será la más beneficiosa para nuestras necesidades especiales. Para aquellos que quieran participar en el proceso, elige un color. Puedes pedir tu propia infusión de color sanadora.

Cada color tiene frecuencias de energía y sanación diferentes.

El azul fomenta:

- La tranquilidad y la relajación para contrarrestar el caos o la agitación
- La inspiración y la fluidez de la comunicación
- La soledad y la paz
- El sueño

El rosado fomenta:

- El cuidado y la ternura
- El amor
- El autoestima y la aceptación de sí mismo
- El perdón

El rojo fomenta:

- Un aumento de entusiasmo e interés
- La pasión
- La acción y confianza para seguir tus sueños
- La vitalidad

El naranja fomenta:

- La capacidad de ajustarse al cambio
- Nuevos comienzos
- Un aumento de creatividad
- La despreocupación y el humor

El verde fomenta:

- El equilibrio y la sanación
- La fertilidad

- El cambio y el crecimiento
- La libertad para perseguir nuevas ideas
- El aprendizaje

El morado fomenta:

- La imaginación realzada
- La meditación e introspección
- La conciencia psíquica
- La espiritualidad

El amarillo fomenta:

- La claridad para tomar decisiones y la conciencia
- Una memoria más aguda y habilidades para la concentración
- La protección contra el aletargamiento y la depresión
- El alivio del agotamiento emocional, el pánico, el nerviosismo y el cansancio
- La autoexpresión

El dorado fomenta:

- Un aumento en el poder personal
- La buena salud
- El éxito

El negro fomenta:

- Una sensación de potencial y posibilidades
- La preparación para lo desconocido

El blanco fomenta:

- La amabilidad
- La purificación de pensamientos o acciones
- La protección

En el sentido estricto de la palabra, el negro y el blanco no son colores. El negro es la ausencia de todo color y el blanco es la presencia de toda la gama de colores. Cuando la gente habla de opuestos, en general se refieren al blanco y el negro. El negro absorbe todos los aspectos de luz. Mientras el blanco revela, el negro esconde. El blanco representa la entereza y la finalización. En muchas culturas representa la franqueza y la verdad, mientras que el negro ha llegado a significar lo que está escondido. Está ligado a lo invisible o desconocido.

Desencordar

Cada vez que le enviamos pensamientos o sentimientos a otros, estamos enviándoles impulsos de energía. Cuando estos pensamientos y sentimientos se vuelven fuertes y constantes, formamos una cuerda energética que nos vincula con la gente que más nos importa. En el misticismo hawaiano, estas cuerdas etereas se llaman *cuerdas aka* y están hechas de patrones de energía que pueden ser visualizados como cuerdas elásticas livianas. Al pasar el tiempo, las cuerdas se pueden volver más fuertes y aparecen tan gruesas como unas sogas. Estas cuerdas no se pueden ver a simple vista, pero sí se pueden ver clarividentemente y se pueden sentir con la clarisensibilidad.

Las *cuerdas aka* son cuerdas fuertes de energía establecidas entre nosotros y aquellos que nos importan. Solo las pueden ver los clarividentes y las pueden sentir los clarisensibles.

Aunque estas cuerdas aka ocurren de manera natural, no nos ayudan. Tener vínculos pesados con ciertas personas no siempre es lo mejor para nosotros. La energía fluye por las cuerdas aka y, como resultado, recibimos los sentimientos de otras personas, tanto lo bueno como lo malo. A menudo estas cuerdas nos drenan la energía.

Cortar las cuerdas aka, también conocido como desencordar, es una experiencia liberadora que nos deja libres para seguir adelante. Simplemente pídele al Arcángel Miguel que te corte estas cuerdas no deseadas con su espada. Di, "Le pido al Arcángel Miguel que use su espada poderosa y corte todas las cuerdas aka que se han formado entre mí y otros ahora". Agradécele al Arcángel Miguel por su ayuda. Puedes realizar este ritual cada vez que sientas que lo necesites. No te preocupes por perder una conexión con un ser querido; solo dejarás de tener un vínculo energético enfermizo.

La sanación con el Arcángel Rafael

Puedes llamar al Arcángel Rafael para ayudarte cuando sientes cualquier tipo de dolor, sea físico, emocional, intelectual o espiritual. El Arcángel Rafael supervisa la sanación de la humanidad. Él rodea y cuida a la gente con una luz sanadora verde esmeralda. Excepto en los casos donde la muerte o enfermedad de una persona es parte de su plan divino, Arcángel Rafael fomentará la sanación energéticamente. Búscalo para que te inspire con perspicacias repentinas que te brindan la información justa para ayudarte a sanar. El Arcángel Rafael también es un motivador para aquellos sanadores profesionales. Regularmente asiste a médicos, cirujanos y psicólogos en intervenciones médicas.

Si estás teniendo un conflicto con alguien, pídele a tus ángeles que consigan la ayuda de los ángeles de la guarda de aquella persona. Los ángeles de la guarda siempre están dispuestos a ayudar a traer la paz y el amor a una relación.

Las relaciones sanadoras

El drama no hace girar al mundo, ¡aunque así parece de vez en cuando! Las relaciones diarias con nuestros seres queridos a veces se pueden sentir como una montaña rusa de la cual no nos podemos bajar.

Las relaciones nos pueden elevar hasta el punto más alto y hundir en la profundidad absoluta. Todos tenemos esos momentos donde no importe qué hagamos, no somos capaces de llegar a un acuerdo pacífico con otra persona.

Por suerte, los ángeles son catalizadores expertos para la sanación de relaciones. Al pedir ayuda a los ángeles, podemos aliviar el drama en nuestras vidas y obtener una conexión más profunda y satisfactoria con los demás.

Para que se lleve a cabo la sanación, los ángeles primero necesitan que nosotros veamos las cosas desde su perspectiva espiritual superior, así no nos sumimos en conflictos insignificantes del ego. Los ángeles fácilmente pueden ver el panorama general y son testigos de los patrones contraproducentes y la conducta que nos trae problemas en las relaciones.

Una de las razones más comunes de dificultades en las relaciones es nuestro mecanismo de defensa inconsciente. El conflicto a menudo nace de cómo se siente cada persona consigo misma. Por ejemplo, cuando una persona cree que no se los puede querer, son antipáticos. Como dice el viejo dicho, la gente necesita ser amada cuando menos se lo merecen. Qué revelador, ¿verdad?

Pero esto es solo el comienzo. No se trata solo de cómo actuamos, sino cómo reaccionamos hacia los demás. Frecuentemente, estas mismas creencias de nosotros mismos nos ponen a la defensiva cuando alguien nos da en el punto sensible. Si alguien nos hace sentir mal, se han enchufado a una creencia negativa que tenemos de nosotros mismos.

Otras veces, nuestro obstáculo más grande a relaciones sanas puede ser nuestra propia sombra, o la parte inaceptable de nosotros que nos gusta negar. Nuestros aspectos reprimidos a menudo son las mismas cosas que despreciamos en los demás. Cuando encontramos que somos críticos e intolerantes de pequeñeces, es hora de mirar más profundamente y encontrar lo que no aceptamos de nosotros mismos.

Admitir y reconocer nuestros patrones y comportamientos negativos es el primer paso hacia la sanación, pero es a través del amor y el perdón que realmente logramos cerrar el círculo. El mantra angelical para las relaciones es "ama más, perdona más". Al superar las luchas de poder diarias, los ángeles nos animan a usar la fuerza del amor y el perdón como la mejor curita de todas. Al adoptar una actitud compasiva en nuestras relaciones, podemos ver claramente que cualquier tipo de negatividad es en realidad un grito pidiendo más amor.

La presencia del amor puede cortar cualquier conflicto que existe entre la gente. A través de la oración, los ángeles nos brindarán orientación y valentía para perdonar y amar a aquellos que nos han lastimado o hecho mal. También nos pueden enviar luz sanadora para reparar desequilibrios y traer más armonía a nuestras relaciones.

Aquí sigue una oración que Cecily recomienda para sanar relaciones:

Amado Dios, por favor ayúdame a infundir mi relación con amor, compasión y comprensión para traer la sanación necesaria. Envíanos a mí y a mis seres queridos corrientes de amor y luz sanadoras para triunfar sobre el miedo que nos ha causado pena. Ayúdanos a ver las cosas desde una perspectiva superior y danos la capacidad para sentir lo que es estar en los zapatos de otro. Más que nada, ayúdanos a encontrar el perdón lleno de amor por cualquier daño que nos hemos causado el uno al otro.

Aquí siguen unas imágenes guiadas para sanar relaciones:

1. Cierra los ojos y respira profundo varias veces. Con cada respiración que tomes, inspira luz verde sanadora.

2. Imagínate en un campo abierto bajo un cielo azul. Hay una pequeña colina en frente tuyo. Observa mientras la persona con quien quieres sanar camina por encima de la colina hacia ti.

3. Pídele a los ángeles de las relaciones que te rodeen a ti y a la otra persona. Observa mientras ellos envían rayos de luz sanadora (nota el color) entre tu corazón y el de la persona enfrente tuyo.

4. Siente la calidez sanadora circular a través de tu cuerpo. Mientras recibes la sanación angelical, envíale pensamientos de amor y perdón a la otra persona.

5. Una vez que la sanación haya finalizado, notarás que tu luz sanadora se va apagando poco a poco y los ángeles se alejan del círculo.

6. Agradécele a tus ángeles e imagina abrazar a la persona enfrente tuyo.

¿Cómo sanar la enfermedad?

Desde una pequeña rasgadura a una enfermedad devastadora, se puede contar con los ángeles para que nos envíen la energía sanadora de Dios. La sanación angelical es desintoxicante, purificante y terapéutica. Cuando sentimos dolor, nos consuelan y calman con su presencia llena de amor. Si es la voluntad de Dios, a menudo encontramos que un milagro puede suceder. Por ejemplo, el médico le diagnóstica a un hombre un cáncer terminal y en la próxima revisión está totalmente libre de cáncer. Los ángeles tienen poderes de sanación que no conocen límites.

Los ángeles trabajan como complementos maravillosos a la ciencia médica. No solo tienen energía divina a su disposición, sino que saben la raíz de cada enfermedad. La dolencia y la enfermedad casi nunca es solo físico, ya que pensamientos y emociones negativas repetitivas pueden causar bloqueos energéticos que se transforman en enfermedades.

Nuestros ayudantes celestiales pueden enfocarse en la causa emocional o psicológica de nuestro desequilibrio y ayudarnos a transformar nuestra energía negativa oscura a una clara y vital. Le podemos pedir a los ángeles que nos envíen luz vibrante sanadora a los bloqueos o áreas incómodas de nuestros cuerpos.

Aquí Cecily recomienda una oración para el bienestar:

> Amado Dios, te pido que infundas mi cuerpo con salud y vitalidad. Ayúdame a librarme de los patrones de pensamientos negativos, hábitos negativos y bloqueos energéticos que me han causado este desequilibrio en el cuerpo. Por favor, disuelve mi enfermedad (o enfermedades) y alivia mi incomodidad. Más que nada, ayúdame a percibir mi cuerpo como entero, fuerte y sano.

Aquí siguen unas imágenes guiadas para sanar enfermedades:

1. Cierra los ojos y respira profundo varias veces. Con cada respiración que tomes, inspira luz verde sanadora.

2. Lentamente escanea tu cuerpo y órganos en el ojo de tu mente e identifica los lugares en tu cuerpo que necesitan sanación.

3. Llama a tus ángeles de la guarda y a los ángeles de la sanación física para que te rodeen.

4. Observa y siente las corrientes palpitantes de energía sanadora verde que le envían a tu cuerpo. Puedes notar una lluvia de energía sanadora por todo tu cuerpo o una luz individualmente dirigida a uno o varios partes de tu cuerpo. Donde sea que los ángeles envíen la luz, es apropiado para tu sanación. La luz sanadora puede palpitar durante varios minutos.

5. Una vez que sientas que la sanación se amaina en tu cuerpo, observa mientras los ángeles te envían una nueva corriente poderosa de luz en expansión desde ti hasta el cielo. Deja que viaje hacia el universo tan alta como la puedas imaginar. Luego lleva la luz sanadora hacia abajo, tan adentro del centro de la tierra como sea posible.

6. Una vez que la sanación haya finalizado, notarás que la luz verde se va apagando poco a poco y los ángeles comienzan a alejarse de ti.

7. Agradécele a los ángeles.

consejos celestiales

Los ángeles piden que nos olvidemos del concepto incurable cuando pensamos en nuestra salud y bienestar. Para que la sanación angelical sea eficaz, necesitamos creer que debemos ser sanados, merecemos ser sanados y podemos ser sanados. Los sentimientos de duda y falta de mérito pueden causar una barrera para la energía sanadora.

¿Cómo sanar las adicciones?

En nuestra sociedad, las adicciones y compulsiones devastan vidas todos los días. Las adicciones severas son como bombas por estallar, en especial aquellas que con el tiempo son fatales, como la dependencia a la droga o el alcohol. Hasta las adicciones que parecen inocentes tienen efectos dañinos. Demasiada cafeína puede ponerle presión en nuestra glándula suprarrenal. Demasiado tiempo jugando videojuegos nos puede aislar de los demás.

Los comportamientos compulsivos son, en realidad, mecanismos para sobrellevar la vida. En vez de manejar la incertidumbre de cada día de una manera constructiva y equilibrada, aquellos con adicciones a menudo usan sustancias o conductas repetitivas para obtener un falso sentido de confianza o para adormecerse y así no tener que sentir ni participar de la vida.

La mayoría de los individuos con adicciones severas están luchando para saciar la necesidad de estabilidad y entereza que nunca tuvieron en su niñez, y muchas veces están buscando maneras de escapar las emociones dolorosas que están rebosando por dentro de abuso previo o experiencias traumáticas. Utilizar comportamientos adictivos como camuflaje puede funcionar durante un tiempo corto, pero al final se vuelven una desventaja. Cuando nos volvemos dependientes en algo fuera de nosotros mismos y Dios para sobrevivir el día, es hora de pedir intervención divina.

Los ángeles desean ayudar a aquellos que sufren de adicción. Al ofrecer apoyo espiritual, físico, emocional y mental para aquellos necesitados, pueden servir como ayudantes poderosos dentro del proceso de recuperación. Los ángeles, más que los profesionales o programas de adicción, nos conocen íntimamente y pueden ser nuestros defensores más grandes mientras luchamos por encaminar nuestras vidas. Siempre podemos contar con nuestros ayudantes celestiales para que actúen como un equipo increíble de apoyo para cualquier tratamiento profesional de adicción.

Aquí sigue una oración para la sanación de la adicción que recomienda Cecily:

> Amado Dios, por favor ayúdame a reconocer más
> alegría en mi vida, para que no tenga que buscar
> cumplimientos falsos y a corto plazo a través de mi
> addición(es). Ayúdame a verdaderamente sentir mis
> emociones, así no sigo adormecido a mi experiencia
> mundial. Ayúdame a perdonar el abuso que he sufri-
> do en el pasado. Ayúdame a conectarme con mi lado
> sabio que se apasiona con el propósito de mi vida y
> los regalos que tengo para compartir. Más que nada,
> ayúdame a ver la grandeza de mi alma y recuérdame
> que soy digno de la verdadera abundancia.

Aquí siguen unas imágenes guiadas para sanar adicciones:

1. Cierra los ojos y respira profundo varias veces. Con cada respiración que tomes, inspira luz verde sanadora.

2. Imagínate en un jardín tranquilo y hermoso. Flores de todas las formas y colores te rodean, haciéndote señas para que entres más profundo en el jardín. Fragancias florales celestiales flotan en el aire.

3. Mientras atraviesas el jardín, llegas a una puerta de madera. La empujas y logras entrar al jardín secreto.

4. Este jardín no es como el más grande que lo rodea, ya que solo contiene maleza. Todas las plantas y flores que alguna vez habían crecido allí habían sido dejadas en el olvido para que se marchitaran y mueran. Esta maleza representa tus adicciones y secretos.

5. Llama a tus ángeles para que te ayuden a deshacerte de esta maleza. Observa mientras tus ayudantes celestiales aparecen uno a uno enfrente tuyo. Nota cómo de inmediato se unen a despejar el jardín de la maleza, una por una.

6. Al quitar cada hierba maleza, esta se transforma en una semilla mágica colorida. Solo queda un grupo de semillas apiladas. Los ángeles te indican que tomes las semillas y las plantes en la tierra fuerte que ha sido descubierta en este jardín secreto.

7. Con cada semilla que plantas, nace una flor preciosa al instante. Pronto te encuentras rodeado de un jardín sublime y copioso. Toda la maleza desapareció.

¿Cómo sanar las emociones?

En el transcurso de un día no es inusual pasar por un rango completo de emociones. Podemos comenzar el día contentos, pero si el día se transforma en una película mala, podemos perfectamente terminarlo en un estado de ansiedad, enojo o tristeza. Esto no es sorprendente ya que nuestras emociones a menudo son lentes por los cuales vemos el mundo; cuando nuestras cosas van bien, sentimos emociones positivas, y cuando las cosas están difíciles, a menudo notamos que nos acaparan las emociones negativas. Son estas emociones negativas las que nos hacen sentir incómodos, y muchas veces hacemos todo lo posible para reprimirlas o negarlas. Aquí es donde, a veces, nos metemos en problemas.

Las emociones como la culpa, el enojo y la depresión en realidad no desaparecen al no expresarlas, sino más bien se transforman en toxinas atrapadas en nuestros campos energéticos. Por eso es tan importante reconocer que todas las emociones son naturales porque, al fin y al cabo, las emociones son una gran parte de la experiencia humana.

Hasta maestros espirituales sumamente evolucionados no han descartado las emociones fuertes; solo han aprendido a canalizarlas de una manera constructiva. Los ángeles quieren ayudarnos a hacer lo mismo. Comprenden que para que nosotros estemos equilibrados y saludables, necesitamos reconocer y expresar estas emociones atrapadas del presente y el pasado. Los ángeles nos ayudan a librar nuestras emociones estancadas a través de perspicacias divinas, orientación nutritiva y energía de luz sanadora.

Aquí sigue una oración para la liberación emocional que recomienda Cecily:

> Amado Dios, por favor ayúdame a ponerme en contacto con todas mis emociones, sin importar cuán incómodas sean, para que pueda liberarlas y transmutarlas. Con tu ayuda, déjame ser parte total de la experiencia humana al aceptar todas las partes de mi humanidad, lo bueno y lo malo. Regálame compasión y comprensión para mi lado oscuro, así puedo brillar mi luz mejor. Más que nada, recuérdame que cada parte de mí es digna de amor y bendiciones.

Aquí siguen unas imágenes guiadas para la liberación emocional:

1. Cierra los ojos y inhala tres respiros profundos. Con cada respiro, siente como te relajas más y más.

2. Imagínate en una isla tropical pacífica. Flores y árboles hermosos te rodean mientras caminas por una senda sinuosa.

3. Te encuentras en un lugar despejado con una catarata gloriosa desbocando en una piscina cristalina de agua. Aquí te encontrarás con tus ángeles.

4. Uno por uno, los seres iluminados se juntan contigo. Nota los colores de tus ángeles a medida que van apareciendo. Han venido a ayudarte a liberar los bloqueos emocionales que están en tu camino.

5. Piensa en cada sentimiento, emoción y hábito que quieres liberar y entregarle a los ángeles. Mientras llega a tu conciencia cada sentimiento, emoción y hábito, imagínalos transformándose en una piedra dura.

6. Lanza cada piedra a la piscina de agua cristalina enfrente tuyo. No tienes por qué reprimirte; deshazte de todos los bloqueos negativos en tu campo de energía.

7. Cuando hayas terminado, observa mientras los ángeles recogen las piedras en el fondo de la piscina con un gran platillo dorado.

8. Agradéceles mientras despegan con el platillo de piedras y se alejan.

Una manera efectiva de encontrar emociones escondidas es al notarlas cada vez que aparecen. ¿Dónde reside esta emoción en tu cuerpo? Si la emoción fuera un color, ¿qué color sería?

¿Cómo sanar a los demás?

¿Se puede pedir sanación angelical para nuestros seres queridos? Muchos de nosotros queremos ayudar a que otros encuentren consuelo y paz, y ciertamente es un gesto lleno de amor pedirle a Dios su ayuda. Como cada persona puede elegir aceptar o no la sanación de los ángeles, no es una violación del libre albedrío. Simplemente órale a Dios pidiéndole su divina sanación para un ser querido necesitado. Deja ir tus expectativas y ponlo todo en las manos de Dios. El nivel de sanación está afectado directamente por la conciencia o inconciencia del recibidor.

Algunos individuos le dan la bienvenida a la sanación y otros la rechazan. "¿Por qué la rechazarían?", te puedes preguntar. En la mayoría de los casos, hay miedos que están asociados a la sanación. Algunos no confían en el proceso de sanación energético, mientras que otros están dominados por la enfermedad y no quieren mejorarse. Por ejemplo, pueden estar recibiendo más atención y amor que antes y tienen miedo de que eso desaparezca al mejorarse.

Siempre se les brinda a todos libertad, elección y respeto, y los ángeles jamás le impondrán la sanación a un individuo, sin importar cuán enfermo pueda estar. Dicho esto, tampoco se darán por vencidos Cuenta con que los ángeles estarán al margen enviando luz sanadora en el momento justo.

Aquí sigue una oración para la sanación de otros que recomienda Cecily:

Amado Dios, por favor sana a (agregar nombre). Él/
Ella necesita de tu divina gracia y luz divina ahora.

Aquí siguen unas imágenes guiadas para enviarle sanación a otros:

1. Cierra los ojos y respira profundo varias veces. Con cada respiración que tomes, inspira luz verde sanadora.

2. Llama a tus ángeles de la guarda y pídeles que se conecten con los ángeles de la guarda de la persona que necesita sanación. Pide que los ángeles de la guarda de esa persona le envíen luz sanadora a las áreas (cuerpo, mente, emociones) que más necesita.

3. Agradéceles a tus ángeles de la guarda.

La sanación del mundo

La Tierra y toda la gente que la habita puede beneficiarse del poder de la sanación angelical. Cuando abrimos nuestras vidas al reino angelical, la idea de "paz sobre la Tierra" a menudo se vuelve una aspiración y no solo un eslogan amable de una etiqueta. La oración puede enviar lluvias de luz divina y sanadora por todo el planeta. Envía sanación a todas partes del mundo; envíala para la hambruna, los desastres naturales, la guerra, la lucha y la pobreza. Envíala para sanar divisiones entre naciones y para acabar con los gobiernos corruptos. Hasta envíala a lugares pacíficos para mantenerlos protegidos. Nuestras oraciones tienen la capacidad de crear milagros.

Las oraciones más eficaces son aquellas sin juicio ni enojo. Rodea tus oraciones con amor y perdón para aquellos del otro lado del mundo. Si te cuesta el perdón, entonces envía tus oraciones en un estado neutral.

Aquí sigue una oración para la sanación del mundo que recomienda Cecily:

> Amado Dios, por favor envía tu bendición y sanación
> poderosas al mundo. Envíale corrientes de amor y luz
> sanadora a la gente del mundo y al medio ambiente
> para vencer al miedo y el descuido que ha azotado
> nuestra casa terrenal. Ayuda a aquellos necesitados de
> tu gracia y amor ahora.

Aquí siguen unas imágenes guiadas para la sanación del mundo:

1. Cierra los ojos y respira profundo varias veces. Con cada respiración que tomes, inspira luz verde sanadora.

2. Elige una parte del mundo que quieres sanar o simplemente imagina al mundo entero en el ojo de tu mente. ¿Qué color rodea al continente, país o zona en la que estás pensando? ¿De qué color es la luz que rodea al mundo?

3. Llama a los ángeles de la sanación mundial. Pídeles que te muestren el color de la luz que mejor sanará la zona o región seleccionada, o al mundo entero. Observa cuando la luz alrededor del mundo o región cambia del primer color que viste al color sanador mientras los ángeles comienzan a trabajar.

4. Mira a los ángeles unirse en un círculo alrededor de la región o el mundo, creando una concentración mayor de luz que llena por completo al espacio con energía sanadora palpitante. La sanación puede tomar varios minutos.

5. Una vez que se haya finalizado la sanación, notarás que la luz de color poco a poco se apaga y que los ángeles comienzan a alejarse del lugar seleccionado.

6. Agradécele a los ángeles.

Puntos esenciales

- La sanación angelical es en realidad la sanación de Dios. El amor es la fuente más poderosa de sanación.

- Conductas contraproducentes a menudo nos impiden recibir energía sanadora.

- Cada color de la gama contiene propiedades y características sanadoras únicas y esenciales.

- Desencordar es una práctica poderosa de sanación que crea lazos más saludables entre tú y tus seres queridos.

- Los ángeles utilizan las altas frecuencias de luz de colores para generar sanaciones transformadoras en nuestras relaciones, emociones y salud física.

- La sanación puede ser individual o a gran escala. La energía potente de los ángeles puede ayudar a sanar una sola persona o el mundo entero.

capítulo 11

Los ángeles y los niños

La conexión especial entre los niños y los ángeles

La sintonía de los niños con el mundo espiritual

Los niños añiles, un nuevo tipo de niño

Cómo los niños pueden usar su intuición

Pequeños, inocentes y con mentes puras, los niños siempre han tenido una conexión intuitiva especial con el mundo espiritual —y en especial con los ángeles.

Aquí hablamos sobre las maneras en que los niños y los ángeles interactúan, lo que podemos aprender de su conexión y, lo más importante de todo, cómo podemos fomentar y alentar la relación.

Por qué los niños tienen relaciones especiales con los ángeles

Los niños son hermosos porque siempre están completamente presentes —viven en el aquí y ahora, lo cual les da una mayor conciencia de su medio ambiente.

Existe una conexión con el espíritu que los niños tienen naturalmente por las siguientes tres razones:

- Cercanía al mundo espiritual
- Apertura mental
- Jocosidad

consejos celestiales A los niños se les puede hacer más fácil abrirse a los ángeles y al mundo espiritual, pero nosotros como adultos tenemos la misma capacidad. La cosa fundamental que podemos hacer es aprender de las formas de ser de los niños —abrir nuestras mentes, ser alegres y cariñosos.

Cercanía al mundo espiritual

Los niños nacieron recientemente, por lo que acaban de dejar el mundo espiritual. Para mejor entender esto, piensa en un viaje o vacación que hiciste el año pasado. Seguramente puedes describir el lugar, la gente, la comida y otros detalles. Ahora intenta recordar un viaje que hiciste hace una década. Hay rastros de alguna que otra memoria, pequeños detalles que realmente te impresionaron, pero tu recuerdo probablemente es más borroso que el de tu viaje más reciente. La misma idea se aplica a los niños y los adultos. Ellos simplemente estuvieron en el reino espiritual más recientemente que nosotros y están más cerca de la pureza y sabiduría de lo divino.

Apertura mental

Los niños están tan asimilados como nosotros al sistema rígido de creencias de la sociedad. De niño, contemplas al mundo a través de ojos llenos de asombro porque todavía no estás hastiado de la dureza del mundo exterior. No has creado miedos fuertes, creencias ni experiencias mundanas que a menudo causan que apaguemos nuestra naturaleza confiada y abierta a medida que vamos envejeciendo. Además, los niños están cómodos y son hábiles con su intuición, a menudo actuando por instinto y no lógica.

La mayoría de los sistemas educativos modernos enfatizan la lógica y otros ejercicios del lado izquierdo del cerebro como la matemática y la ciencia, mientras adormecen las características del lado derecho como la intuición, la imaginación y la creatividad. Sin embargo, hay algunas escuelas progresivas y programas infantiles que cultivan las destrezas del lado derecho del cerebro al igual que la lógica tradicional del lado izquierdo. Investiga las escuelas y los programas en tu zona; te puedes llevar una agradable sorpresa con los posibles nuevos e innovadores planes de estudio disponibles para tu hijo.

Jocosidad

¡Los ángeles saben la importancia de la jocosidad! Diversión, risas y alegría son maneras de expresar el amor por la vida. Como adultos, tendemos a considerar la jocosidad "excesiva" como algo inmaduro y no deseable. De niños, no obstante, fácilmente demostramos estos sentimientos de felicidad.

Los ángeles aprecian cómo los niños expresan sus sentimientos positivos y siempre fomentan a que los adultos hagan lo mismo.

Los niños y los animales

Los niños son más sensibles e intuitivos que los adultos, por eso son más receptivos al reino espiritual. Popular en la cultura india americana, los animales pueden ser guías espirituales conocidos como animales de poder. Cualquier animal sobre la tierra se le puede llamar un animal de poder, con el propósito básico de compartir sus atributos y energía con la humanidad. Por ejemplo, uno puede llamar a un búho para la sabiduría y a un león para la valentía. Los niños naturalmente se conectan con los animales a su alrededor, como si intuitivamente supieran la conexión que existe entre los animales y la Madre Naturaleza, así que no es sorprendente que las guías espirituales animales también se sienten atraídos por ellos.

Los niños fácilmente pueden extraer energías especiales de sus guías espirituales animales para facilitar sus vidas y sentirse más protegidos.

Prueba este ejercicio:

1. Pídele a tu hijo que cierre sus ojos y se imagine su animal preferido.

2. Dile que visualice a ese animal protegiéndolo dondequiera que vaya.

3. Dile que el animal es parte de él o ella. El animal nunca se irá.

Hay muchos beneficios inmediatos de la conexión entre un niño y un animal de poder. El proceso les puede ayudar con:

- La autoestima
- El acoso

- La conexión entre la mente y el cuerpo

- La ansiedad por separación

- La soledad

- El miedo

Aquí hablamos sobre los animales, pero no tiene por qué ser un mamífero tradicional. Puede ser una criatura mitológica como un dragón o un unicornio, o hasta una bestia maravillosa y original descrita por tu hijo. El punto es ayudar a que tu hijo se sienta seguro y conectado a este ser amigable y la guía espiritual que lo representa.

Los niños añiles

El añil es el color que irradia del tercer ojo, el chakra que representa las capacidades videntes e intuitivas. Los *niños añiles* son un grupo de niños realzados espiritualmente dentro del nuevo milenio que están destinados a dar lugar a un nuevo mundo de esperanza, fe y amor.

Los niños añiles son un grupo de niños ultra sensibles y altamente intuitivos destinados a elevar a la humanidad al siguiente nivel.

Al ser gente sensible a nivel emocional, muchos niños añiles nacen con un don intuitivo, como la clarividencia, o una capacidad sanadora. Es común que hablen abiertamente sobre los ángeles y otras guías espirituales que ven hasta que otros los desaniman a hacerlo. Es muy importante proteger y cultivar las capacidades intuitivas naturales de los niños para que se sientan seguros usando y expresando su sexto sentido. Cuánto más se los anima, mejor será el mundo que crearán en el futuro.

Su alta sensibilidad en general se manifiesta en cierta manera física. Por ejemplo, algunos niños añiles no pueden soportar ruidos o música fuertes, mientras que otros son frágiles al tacto. Una característica común es adaptarse al humor de los demás —multitudes o grupos caóticos los pueden hacer sentir vulnerables emocionalmente.

Se podría decir que los niños añiles parecen tener una sabiduría que sobrepasa sus edades. Estos niños naturalmente tienen un sentido superior de sí mismos y una autoestima fuerte que fomenta una creencia sólida tanto en ellos mismos como en su misión. Nada pasa desapercibido con estos chicos —a menudo se defienden, se expresan libremente y ven a través del engaño y la mentira de los demás, todas características clásicas del añil. Como ejemplos de la honestidad, nos piden que todos estemos más alineados con nuestra integridad.

Los niños añiles naturalmente tienen una comprensión espiritual superior, por lo que les puede costar la autoridad absoluta (sin elección ni explicación) o simplemente fluir con lo que venga. Es como si intuitivamente supieran que nuestra manera actual de hacer las cosas es anticuada —en cuyo caso, ¿qué punto tiene continuar?

Lo mejor que pueden hacer los padres u otras figuras de autoridad de los niños añiles es...

- Respetar su espacio y punto de vista.

- Fomentar a que se expresen tanto emocional como creativamente.

- Escuchar lo que tienen que decir.

- Desafiarlos con ideas nuevas y divertidas.

- Para aprender más sobre los niños añiles, quizá quieras leer *The Complete Idiot's Guide to Indigo Children* (ver Anexo E).

iluminaciones

Muchos profesionales espirituales creen que la llegada de los niños añiles es la razón por el aumento de diagnósticos del síndrome de déficit de atención (ADD, por sus siglas en inglés) y del síndrome de déficit de atención con hiperactividad (ADHD, por sus siglas en inglés).Es como si algunos niños añiles se movieran en otra vibración y les resulta difícil adaptarse la velocidad de nuestro mundo.

Cómo cultivar la intuición de los niños

Los niños son naturalmente intuitivos y valientes, padres confundidos o controladores pueden lastimar y hasta aplastar su sabiduría innata. Ellos prosperan en un medio ambiente libre de juicio y lleno de confianza, aceptación y mentes abiertas.

Veamos algunos de los rituales para cultivar la intuición de los niños y fomentar su ya fuerte conexión con lo divino.

Rituales para el día

Aparte de orar, hay muchas maneras en que los niños pueden celebrar a los ángeles en sus vidas:

- Bailar
- Cantar
- Fiestas con un tema angelical
- Proyectos de arte

Los ángeles, arcángeles y el Equipo de Apoyo Espiritual le pueden brindar a los niños orientación, protección e inspiración. Los niños a menudo aprenden a través del proceso creativo, el cual puede ser un canal directo entre ellos y el reino espiritual. Cualquier expresión positiva debe ser fomentada. También es importante recordarles a los niños que los ángeles no están limitados a sus cuartos, su imaginación o su hora preferida del día. De hecho, sus amistades angelicales están con ellos día y noche, acompañándolos dondequiera que deciden ir.

Rituales a la hora de acostarse

Las pesadillas son comunes entre los niños, en especial con sus brillantes, intensas y amplias imaginaciones. Los puedes calmar al explicarles que sus ángeles de la guarda los están vigilando y protegiendo mientras duermen. No dejarán que nada les haga daño.

Crear un ritual para tus hijos a la hora de acostarse es de gran ayuda. Hay varios métodos para ayudar a que tu hijo descanse en paz:

- Rezarle a Dios y los ángeles
- Cantar canciones alegres

- Contar historias angelicales
- Crear meditaciones de imágenes guiadas

La última, crear meditaciones de imágenes guiadas, vale la pena discutirla en más detalle. En pocas palabras, puedes ayudar a que tus niños visualicen la protección angelical del peligro. Diles que cierren los ojos, y luego ayúdalos a imaginar a los dulces ángeles entrando a su cuarto, arropándolos y manteniendo la guardia para que nada interrumpa el importante descanso de esa noche.

Si tienen pesadillas o visiones aterradoras mientras duermen, recuérdales a los niños que pueden llamar al Arcángel Miguel para seguridad y protección antes de irse a dormir.

El ambiente en casa

La energía negativa en el hogar afecta a todos, en especial a los niños que son sensibles e intuitivos. Puede que no sea posible crear el medio ambiente perfecto, pero trata de escudar a tus hijos de las siguientes expresiones negativas:

- Miedos y fobias
- Preocupación excesiva
- Enojo explosivo
- Discusiones abusivas
- Frecuentes juicios y culpa

Los conflictos ocurren y la energía pesada se puede disipar de varias maneras:

- Despedir olores agradables al estilo la aromaterapia
- Tomar esencias florales
- Usar bols de canto

- Tocar una campana en cada rincón de cada cuarto

- Aplaudir por toda la casa

- Tocar música suave

- Evitar el abarrotamiento y la desorganización

- Designar ciertas áreas de la casa como zonas silenciosas o meditativas

- Bailar y cantar con tu hijo o hijos

- Los bols de canto, la aromaterapia, y las esencias florales se discuten en detalle en el capítulo 5.

Amigos imaginarios

Cuando un niño habla de un compañero de juegos invisible, no siempre es un amigo imaginario. Muchos niños tienen un sexto sentido altamente funcional, y es sabio no descartar lo que tu hijo te cuenta como algo de su imaginación. Presta atención a lo que te dice tu hijo y haz muchas preguntas. A veces los amigos imaginarios son espíritus o ángeles. Otras veces el sentido realzado de intuición de tu hijo puede estar sintiendo algo, como un hijo que perdiste en el parto o un hijo que fue dado en adopción.

El amigo de la infancia de Cecily

Muchos niños a menudo simplemente saben cosas. Su intuición está totalmente abierta porque no tienen nociones preconcebidas ni miedos sobre la información que su antena espiritual ha recibido.

Cecily descubrió esto en su propia vida, sin embargo tuvo que esperar a tener casi treinta años para reconocer y validar su propia antena intuitiva en acción durante su niñez.

Durante uno o dos años de su niñez, Cecily tenía un compañero imaginario llamado Joe Bert. Joe Bert era su hermano mayor y eran muy cercanos. De hecho, el único momento en que él no estaba a su lado era cuando se iba a jugar ajedrez. Cecily habló de Joe Bert a diario con su madre, y ella siempre estaba abierta a incluirlo en sus vidas.

De adulta, Cecily descubrió que tenía un hermano mayor de sus mismos padres que había sido dado en adopción. Luego de varios años de preguntarse por el hermano que no conocía, Cecily lo encontró en 1999 y fue una reunión feliz. Por suerte, su nombre no terminó siendo Joe Bert, ¡porque eso hubiera sido demasiada sincronización por un día!

Puntos esenciales

- Los niños tienen una relación especial con los ángeles porque acaban de dejar el reino espiritual y tienen las mentes más abiertas que los adultos.

- Los niños se pueden identificar con ciertos animales para aumentar su autoestima, valentía y sensación de seguridad.

- Los niños añiles son chicos súper sensibles e intuitivos que darán lugar a una nueva era en el mundo.

- Los rituales de día y noche pueden ayudar a que los niños se sientan más unidos con los ángeles y los puede ayudar a dormir.

- Los amigos imaginarios puede que no sean nada imaginarios, sino representantes de sus guías espirituales o ángeles.

capítulo 12

Los ángeles de las relaciones: almas gemelas y llamas mellizas

Comprende a las almas gemelas

Construye relaciones positivas con la ayuda angelical

Aprende sobre las llamas mellizas

Aprende si están o no destinados a estar juntos

Cómo el Arcángel Chamuel ayuda a que se conozcan las almas gemelas

Qué esperar de una conexión con un alma gemela

La creencia común es que enamorarse siempre es un proceso natural y fácil. Desafortunadamente, entre nuestras agendas ocupadas, nuestras actitudes a menudo negativas y nuestro mundo a veces aislante, puede ser difícil crear y explorar intereses románticos saludables y duraderos —o mantener las relaciones amorosas que ya tenemos.

Esta es otra área en la que puedes llamar a tus ángeles para que te brinden ayuda. Los ángeles son increíblemente solidarios con respecto a nuestras relaciones, tanto las establecidas como las florecientes.

¿Qué es un alma gemela?

Los ángeles son un recurso maravilloso para encontrar el amor que deseamos. Muchos de nosotros estamos en busca de nuestra *alma gemela*. En nuestra cultura, desde hace mucho que lo que codiciamos tener es el alma gemela ideal. Pero, en realidad, ¿qué es un alma gemela? De alguna manera, toda la percepción alrededor del alma gemela es uno de los términos más malentendidos en la historia moderna.

Un *alma gemela* es una compañera y ayudante con quien compartimos muchas lecciones de vida y un desarrollo similar del alma.

Primero exploremos las idas y venidas del concepto del alma gemela. ¡Luego podemos ver cómo los ángeles nos pueden ayudar a conectarnos con ellas!

El ideal del alma gemela

Mucha gente realmente cree, o por lo menos espera, que su pareja romántica perfecta existe: alguien que es la cerradura para su llave, el yin para su yang —un compañero o compañera que corresponde tanto a su mente como su espíritu. Esencialmente, están buscando el complemento ideal. El hecho reconfortante es que la mayoría de las personas también están buscando su alma gemela. Tenemos un anhelo humano de unirnos y, entre los dos, ser uno.

Parecido a probarse un par de *jeans,* la búsqueda de un alma gemela romántica se puede comparar a encontrar al que mejor te quede. Algunos serán demasiado apretados, otros demasiado sueltos. Sin embargo, si tienes suerte, entrarás a la tienda e *inmediatamente* encontrarás al par justo. Otras veces pasarás la mayoría del día de tienda en tienda, sin encontrar el que mejor te quede hasta tarde esa noche o, quizá, durante otro día de compras. Todo depende de la sincronización —es decir, el momento oportuno.

De la manera en que se usa en el diario hablar, es fácil asumir que un alma gemela es una persona con la que estás perdidamente enamorado. Pero esta creencia común está ligada a una definición equivocada. En realidad, el alma gemela puede ser un amante, marido o esposa, pero también puede ser una madre, hermano u otro miembro de la familia, tu mejor amigo o hasta una maestra o mentor. En otras palabras, tu alma gemela no necesariamente es alguien con quien entablarás una relación romántica. Se trata de una fuerte y única conexión entre almas que ha durado varias vidas juntas.

Las relaciones se pueden acabar, claro, pero eso no quiere decir que un amante, compañero o amigo no es una de nuestras almas gemelas. A veces la gente necesita pasar tiempo separados para terminar de aprender sus lecciones de vida. En otros casos, nuestra relación tiene que evolucionar a otra cosa para progresar, sea un maestro transformándose en colega o una novia transformándose en esposa. Los dolores del crecimiento, entre tanto, son necesarios para llevar la relación al siguiente nivel y comenzar a aprender más lecciones espirituales.

Es posible tener múltiples almas gemelas. Todos sirven un propósito diferente en nuestras vidas, al igual que nosotros en las de ellos. Por ejemplo, un alma gemela atenta nos puede ayudar a ser más pacientes en el amor, mientras que un alma gemela espontánea y graciosa nos puede ayudar a tomar la vida menos en serio. Es un lazo mutuo, así es que tú puedes ayudar al alma gemela atenta ser más firme o puedes ayudar a la que es más espontánea y graciosa ser más enfocada y disciplinada.

Algunas relaciones con almas gemelas están basadas en el karma pasado. Algunas no. Por ejemplo, podrías reconectarte con una persona a quien maltrataste de alguna manera en una vida pasada. En esta vida, podrías ayudarla a sanarse en algún aspecto, mientras ellos aprenden a perdonarte en alguna otra forma. No sabemos los detalles —después de todo, somos humanos— pero nos podemos comunicar con nuestros ángeles para que nos guíen a tomar las decisiones adecuadas. Para las almas gemelas no kármicas o las compañeras, nuestra relación es mucho más simple —hay poco o nada de karma acumulado, nada que debe ser equilibrado y nada para corregir. Con un alma gemela compañera, podemos construir nuestra relación en el aquí y ahora y disfrutar del apoyo y la alegría que conlleva esto.

Un alma gemela te ayuda a crecer

Como humanos, a menudo creemos que las relaciones desafiantes son malas —por ende, nuestra relación con alguien que podría ser nuestra alma gemela debe ser suave y fácil desde el comienzo. Eso no es necesariamente verdad. Se puede decir que está es una noción idealizada de lo que debería ser una relación con un alma gemela.

De hecho, el propósito de un alma gemela es ayudarnos a crecer, al igual que nuestro propósito en su vida es ayudarlos a crecer. El crecimiento puede ser difícil. Por ende, la gente a la que más cerca estamos ¡puede ser la misma gente que nos causa más frustración!

consejos celestiales

Hay una diferencia entre una pareja desafiante y repleta de crecimiento y una relación tóxica y abusiva. Asegúrate que la gente en tu vida te brinde apoyo y amor de igual manera por quién eres y quién serás.

Muchas de nuestras relaciones más importantes fueron decididas previo a nuestro nacimiento. Antes de nacer, acordamos brindarles ayuda a nuestras almas gemelas al...

- guiarlas hacia lecciones especiales de la vida.

- brindarles enfoque para sus metas e ideales superiores.

- estar en sus vidas durante una cantidad de tiempo designado.

- dejarlas guiarnos al igual que nosotros las guiamos a ellas.

El desafío está en que no siempre queremos escuchar lo que más nos conviene. Después de todo, si no necesitáramos apoyo y orientación en el viaje de nuestra vida, no necesitaríamos almas gemelas —caminaríamos solos por la senda terrenal.

Los ángeles ayudan a los solteros y emparejados

Debemos confiar en el universo. Esto quiere decir confiar en la orientación de los ángeles. Nuestros ángeles ya saben lo que necesitamos y cómo lo necesitamos. Además, como nos conocen tan bien, a menudo saben el momento adecuado en que debemos recibir lo que deseamos. A través de su sabiduría infinita, ven tus relaciones de manera perfecta y saben cómo debes cambiar –y crecer— para crear esa unión perfecta. A través de sus ojos, puedes ver la oportunidad en los contratiempos y las lecciones en los desafíos.

Si estamos solteros, los ángeles nos pueden ayudar a encontrar un alma gemela que complementa nuestras fortalezas y dones. La clave es expresar lo que deseas mientras confías en que el universo te dará lo que necesitas.

Si estamos en una relación con un alma gemela, los ángeles nos pueden ayudar a encontrar la perspectiva para ver el panorama general de amor, equilibrio y paz. Nos empujan al próximo nivel de expresión dentro de nuestra expresión de alegría y nuestra capacidad de amar.

Llamas mellizas vs. almas gemelas

Las *llamas mellizas* a menudo se confunden con las almas gemelas y, luego de aprender sobre ellas, será fácil comprender por qué. Tanto las llamas mellizas como las almas gemelas tienen una conexión profunda e íntima.

Una *llama melliza* es una persona que tiene las cualidades que tú necesitas para lograr tu meta más importante. Ellas te necesitan tanto como tú las necesitas a ellas.

La diferencia clave es que mientras las almas gemelas pueden representar una asociación de toda la vida, las llamas mellizas son dos individuos que se necesitan para llegar a una meta específica.

Por ejemplo, un alma gemela puede ser alguien que se transforma en tu amante o mejor amigo. Comparten cenas, viajes y sus vidas —todas esas cosas íntimas y buenas que recibimos de nuestros compañeros. Sin embargo, tú y tu compañero puede que no creen una obra de arte maravillosa juntos, o hagan un gran descubrimiento científico al empujarse a trabajar más duro en el laboratorio. Poniendo a un lado el excelente compañerismo, apoyo y crecimiento personal, la función de una relación con un alma gemela no está tan guiada por un propósito.

Una relación con una llama melliza es bastante diferente. El propósito de una llama melliza es que ambos se necesitan para lograr una meta o misión específica —juntos. Se empujan el uno al otro a alcanzar más de lo que probablemente podrías tener individualmente.

No estamos diciendo que las relaciones con almas gemelas sean menos significativas o importantes, sino que las relaciones con llamas mellizas a menudo son un medio para alcanzar un fin. Las relaciones con almas gemelas funcionan perfectamente sin una meta o deseo primordial. Por otro lado, las relaciones con llamas mellizas pueden "extinguirse" una vez que se haya logrado la misión.

A la espera de una fantasía

Las relaciones de almas gemelas son mágicas, ya que en general hay un momento particular y único en que ambas personas se dan cuenta que de hecho son almas gemelas. Esto es lo que las hace preciosas, ya que el reconocimiento de alma gemela requiere casi nada de esfuerzo de nuestra parte. Simplemente sabemos que esta es la persona con quien debemos compartir nuestras vidas. Esta comprensión inmediata es natural, cómoda e instintiva. El único verdadero requerimiento es la fe de saber que el alma gemela existe y que, en el momento oportuno para ambos, la o lo conocerás.

Irónicamente, el idealismo puede ser nuestro peor enemigo cuando se trata de almas gemelas. Por ejemplo, ¿alguna vez añoras a un viejo amor, creyendo que estabas destinado a estar con él o ella? ¿O alguna vez sientes que tú y otra persona serían la pareja perfecta —si solo esa persona no estuviera casada con otra?

Está en la naturaleza humana creer que estamos destinado a estar con alguien, pero hay mucha seguridad en creer que nuestro destino es estar con alguien *que no está disponible*. Es mucho más fácil añorar a lo que no está disponible que enfrentar personas reales, oportunidades románticas reales y riesgos a tomar reales. Es más fácil no arriesgarse.

No tienes idea como hubiera sido tu vida si te hubieras quedado con tu viejo amor —y ciertamente no puedes volver al pasado para averiguarlo— ni sabes lo que sería estar casado con un amigo cercano que ya está casado. Está más allá de tu comprensión.

Sin embargo, lo que más nos conviene no está más allá de la comprensión de nuestros ángeles. Podemos bloquear las bendiciones de los ángeles —y una conexión con un alma gemela— cuando no confiamos en el proceso. Al soñar despierto con un amor de fantasía que no podemos tener, una oportunidad maravillosa nos puede pasar de largo. También nos hace parecer desagradecidos por todas las relaciones benditas que nuestros ángeles ya nos han regalado.

Llamar a los ángeles

Los ángeles quieren que seas la mejor y más feliz persona que puedes ser, y como las almas gemelas son clave en esa ecuación, no hay nada que les gustaría más que te conectarás con las personas adecuadas. Además, no solo te pueden ayudar a conectarte con futuras almas gemelas, sino que pueden reparar y reestablecer tu lazo con las almas gemelas actuales en tu vida. También te brindan sanación al guiarte hacia una paz emocional luego de terminar una relación y ayudarte a confiar en otra persona cuando sea el momento adecuado para entrar en otra relación.

iluminaciones

Desde los ángeles hasta las almas gemelas, siempre estamos rodeados de apoyo. ¿Notas el patrón? Nunca estamos solos, y el amor siempre está disponible a través de nuestros espectadores espirituales, nuestros animadores del más allá o nuestros amigos de carne y hueso aquí en la Tierra.

El Arcángel Chamuel

El Arcángel Chamuel es el arcángel de las almas gemelas. Como podrás recordar del capítulo 3, el Arcángel Chamuel es el campeón de la empatía, las relaciones y la sanación. Su servicio principal es desarrollar un sentido de agradecimiento consciente hacia la fuente y expandir el amor en el corazón de uno para incluir a otros.

¿No sabes como establecer comunicación con el Arcángel Chamuel? Aquí sigue una oración recomendada por Cecily:

Arcángel Chamuel, por favor regálame la orientación para atraer a mi alma gemela. Ayúdame a abrir mi corazón al corazón de otro, así puedo vivir el verdadero y duradero amor. Ayúdame a vencer los miedos y bloqueos que he desarrollado por experiencias y relaciones pasadas. Regálame la paciencia para esperar al momento oportuno divino para conocer al compañero que posee las cualidades que valoro profundamente. Gracias.

Los ángeles del romance

Aparte del Arcángel Chamuel, hay otros varios ángeles a los que puedes llamar. Abre tu corazón y siéntete libre de hablar con estos ayudantes celestiales adicionales:

El ángel de la atracción

El ángel de la asociación divina

El ángel del amor

El ángel del matrimonio

Los ángeles también te pueden dirigir a la ayuda terrenal. Una oración angelical puede llevarte hacia un consejero que te comprende y/o comprende las necesidades de tu alma gemela, un taller que te ayuda a llevar tu relación contigo mismo o tu compañero al siguiente nivel, o el trabajo de energía que equilibra tu ritmo para que puedas conocer a o llevarte mejor con tu alma gemela.

Los ángeles y la ley de atracción

Los ángeles quieren que estemos conscientes de y trabajemos con la ley de atracción —la idea de que nosotros creamos nuestras propias circunstancias en la vida a través de nuestros pensamientos, creencias y, claro, nuestras acciones, hasta aquellas de las que no estamos conscientes. En pocas palabras, lo que enviamos al universo nos vuelve. Esta es una de las muchas *leyes espirituales* importantes.

Definición

La *ley espiritual* es una de muchas verdades espirituales fundamentales que existen y funcionan en el universe.

Cada pensamiento y creencia que tenemos contiene una energía única que, similar a un imán, nos atrae a energía similar dentro de nuestra experiencia. Si nos enfocamos en la armonía y cada día enviamos pensamientos pacíficos, nuestra realidad estará libre de dramas con la excepción de las lecciones específicas del alma que debemos aprender. De igual manera, si enviamos pensamientos en los que el mundo nos juega en contra, ciertamente se sentirá así.

¿Cómo se aplica esto a las almas gemelas? Pues, todas las personas que atraemos a nuestras vidas están ahí como un reflejo exacto de la energía que contenemos. Si creemos que solo atraemos a perdedores, solo atraeremos a la gente que perpetua esta creencia. Y a pesar de cuánto nos quieren brindar de bueno los poderes superiores, la ley espiritual establece que solo recibimos lo que deseamos consciente o inconscientemente.

Tu mentalidad y creencias en realidad afectan quién entra —y se queda— en tu vida. Como un ejemplo simple, digamos que realmente tienes miedo de estar solo. Ese miedo te hace aferrarte a alguien que no merece tu amor cuando, por el compromiso, pierdes una oportunidad para conectarte con tu alma gemela. Por otro lado, puedes terminar una relación beneficiosa demasiado temprano porque tienes miedo de que la persona te dejará primero.

Introducción a los Ángeles

Los ángeles de hecho pueden ayudarte a conocer el alma de tu compañero en un plano superior antes de que conozcas a esa persona aquí en la Tierra. Práctica la meditación, imagina tanto tu corazón como el de tu alma gemela y visualiza los dos combinando su energía.

Estos son solo ejemplos, pero la mayoría de nuestra energía negativa nace de un error fundamental: no creemos merecer el verdadero amor. Los ángeles saben que todos merecemos ser amados por lo que somos —con verrugas y todo— y por eso les alegra ayudarnos en nuestros viajes individuales hacia relaciones positivas.

Además, es importante ser paciente con el proceso. Queremos lanzar nuestra energía —pidiendo un alma gemela, queriendo sanar una relación actual— y recibir sanación inmediata. Pero puede que no funcione así.

Cuando trabajamos con el universo, debemos tener la paciencia para confiar en el *momento oportuno divino*. La gente entrará a nuestras vidas justo cuando deben. Como habrás visto, algunas personas se casan con sus parejas de la secundaria y permanecen felizmente juntos el resto de sus vidas. Para otros, quizá no conocen a sus almas gemelas hasta tener cuarenta, cincuenta o más años. Lleva fe y confianza en que nuestros ayudantes espirituales, los ángeles, y los Arcángeles quieren lo mejor para nosotros.

El *momento oportuno divino* ocurre cuando el universo coordina un evento en el momento justo para todos los involucrados.

Qué esperar de un alma gemela

Enfocar la debida energía en tus relaciones amorosas es la clave para atraer a un alma gemela a tu vida, ¿pero qué ocurre cuando la conoces? Es importante tener la intención y claridad más alta tanto antes como después de la conexión.

Enfócate en lo que quieres

La negatividad engendra negatividad. El universo responde mejor a los pensamientos positivos. Piénsalo: ¿acaso no es más fácil tomar acción cuando te dicen lo que se necesita hacer versus solo lo que *no* deberías hacer.

Al principio puede ser más fácil decir, "No quiero a un compañero que me límite la creatividad", pero es mucho mejor decir, "¡Quiero un compañero que me alimente la creatividad para ayudarme a volar!".

Hay muchas afirmaciones positivas para mandar al universo y a tus ángeles cuando quieres conocer a tu alma gemela. Aquí tienes algunas:

- Quiero un alma gemela que me acepte por quién soy.
- Quiero un alma gemela que me hará esforzarme por ser una mejor persona.
- Quiero a un igual en mi vida.
- Quiero ser el mejor compañero posible para mi alma gemela.

Es fácil tener pensamientos positivos y afirmativos cuando añoramos un alma gemela, pero rápidamente podemos olvidar y no apreciar a los que ya tenemos en nuestras vidas. Las relaciones pueden ser difíciles, y es fácil subestimar a los seres queridos y otras relaciones. Las afirmaciones positivas se pueden aplicar a cualquier relación importante, sea una profunda y romántica con un alma gemela, una familiar o una con colegas en tu trabajo.

Aquí siguen afirmaciones positivas dirigidas a los ángeles para nuestras relaciones actuales:

- Creo que mi alma gemela está haciendo diariamente todo lo mejor que puede.

- Creo que mi relación con mi alma gemela mejorará en todo sentido.

- Creo que mi alma gemela merece mi amor, al igual que yo merezco el suyo.

- Creo que tenemos una conexión con un alma gemela por una razón.

Dejar ir la necesidad de salvar a los demás

Aunque todos potencialmente podemos ser egoístas —solo pensando en lo que nosotros podemos obtener de una relación— también sufrimos del peligro opuesto de crear una relación desequilibrada en donde nosotros seguimos dando sin recibir mucho a cambio de nuestro compañero.

A veces nos encontramos atraídos por gente necesitada porque, mientras el foco se mantenga sobre ellos, nosotros nunca tenemos que sentirnos vulnerables o necesitados. Sin embargo, al final, nuestras necesidades más profundas de igualdad y amor nunca llegan a satisfacerse dentro de estas relaciones desequilibradas.

Todos los ángeles, el Equipo de Apoyo Espiritual y los arcángeles no quieren que seas un mártir por otra persona. El amor de almas gemelas no trata solo de amar a otro, sino de tener una relación donde fácilmente te puedes amar a ti mismo.

Fija expectativas realistas

Finalmente, aunque hay algo mágico y precioso al conectarse con otra alma a un nivel espiritual, es importante saber que tu alma gemela es humana — al igual que tú.

Como es una relación humana, tus almas gemelas pueden...

- Herir tus sentimientos sin querer.

- Hacer cosas que te vuelven loco.

- Decir las cosas equivocadas.

- Desilusionarte.

Como lo mencionamos anteriormente, estas personas son alma gemelas porque te complementan la vida de ciertas maneras. El crecimiento que viene de las relaciones con almas gemelas puede ser desafiante, frustrante y te puede probar la paciencia.

Las relaciones con almas gemelas también son místicas, gratificantes y satisfactorias en maneras que muchas relaciones no lo son. Los ángeles ciertamente creen que vale la pena el trabajo —por eso es que quieren ayudarte a que te conectes con todas las almas gemelas posibles dentro de esta vida.

Escribe tus necesidades

Es importante pensar en lo que necesitas en cuanto a un alma gemela, pero escribirlo te lleva al siguiente nivel. Es como una manifestación física de nuestras necesidades, y al escribirlas, estamos haciendo una declaración sólida para el universo y, al igual de importante, para nosotros mismos.

Aquí siguen algunos pasos para escribir tus deseos amorosos:

1. Pídele a tus ángeles que te ayuden en el viaje para encontrar tu alma gemela.

2. Compra un diario especial para tus anotaciones sobre tus almas gemelas, uno que te "atraiga".

3. Piensa en las cualidades que quieres que tenga tu compañero.

4. Escribe una cualidad por página.

5. Luego de escribirlas, concéntrate y lee cada página tres veces.

6. Pídeles a los ángeles que cumplan tu deseo.

7. Confía en los ángeles, cree en el momento oportuno divino y déjalo ir.

8. Agradécele a tus ángeles.

Haz propia tu búsqueda de un alma gemela. Por ejemplo, puedes hacer un ritual o una celebración al encender una vela, quemar incienso o invitar a amigos para una ceremonia especial. Hablaremos más sobre los rituales y las ceremonias en el capítulo 13.

Un viaje personal: encontrando un alma gemela

Aquí tienes a los pasos mencionados en acción. Cuando Cecily comenzó a buscar un alma gemela para casarse y armar una familia, le pidió ayuda a sus ángeles. Cuando le contestaron, le dijeron que se compre un diario—no cualquier diario, sino uno que le llamase la atención en la tienda. Así lo hizo. Luego los ángeles la mandaron a pensar en todas las cualidades que quería que tuviera su compañero. La orientaron a escribir una cualidad al comienzo de cada hoja del diario, dejando el resto de la página en blanco. Cecily siguió escribiendo las cualidades hasta que ya no pudo pensar en más. Cecily luego leyó cada página tres veces y conscientemente le entregó su deseo a los ángeles para que ellos se ocuparan. Con una sensación de paz, Cecily siguió su vida sabiendo que los ángeles la estaban acercando a su alma gemela.

Dentro de seis meses, Cecily se fue de vacaciones y conoció a su futuro esposo, Todd. Él tenía todas las cualidades que ella había escrito. Unos años más tarde se casaron y, desde este escrito, están esperando su primer hijo juntos.

¿Cuál es la clave más importante para encontrar a un alma gemela? En realidad, la respuesta es creer que él o ella existe y así aparecerá en tu vida.

Puntos esenciales

- Las almas gemelas representan un compañerismo profundo a través de tu vida, que puede ser romántico, familiar o platónico.

- Las llamas mellizas son parecidas a las almas gemelas, pero su enfoque principal es en una meta mutua y específica en vez de lecciones de vida mutuas.

- El Arcángel Chamuel es el arcángel de las almas gemelas y las relaciones.

- Las relaciones están basadas en la ley espiritual—atraes a la gente basada en la energía que liberas.

- Enfócate en las cualidades de las relaciones de almas gemelas que deseas en vez de las cualidades que no quieres.

capítulo 13

Ceremonia y ritual

La importancia de las ceremonias y los rituales

Utiliza los rituales para aceptar y celebrar los cambios de vida

Conéctate con el mundo angelical a través del ritual

Crea tu propio altar angelical

Desde orar antes de cada comida a meditar una vez al día, las ceremonias y los rituales nos ayudan a establecer la cordura y la estabilidad en un mundo aparentemente inestable. No podrán mágicamente transformar el mundo externo y material, pero su verdadero propósito es brindarnos con un enfoque positivo y paz interna.

También nos pueden dar la claridad para mejor conectarnos con nuestros ángeles.

Comprende las ceremonias y los rituales

Nuestros antepasados y la gente del mundo han vivido con un enfoque en las *ceremonias* y los *rituales*. Piensa por un segundo en tus propias tradiciones familiares. ¿Por qué, a través de los años, hemos estado constantemente enfocados en prácticas fijas?

Definición

Un *ritual* es una rutina fija que trae consuelo o ayuda a mantener el orden. Una *ceremonia* es un ritual especial que a menudo involucra a varias personas, y honra a una o más personas, uno o más espíritus o un evento en especial que impulsó un cambio de vida.

Aparte de la seguridad de una rutina, los rituales crean un enfoque —una meditación— ideal para modificar nuestras vidas. Doctor W. Brugh Joy, maestro espiritual, una vez dijo: "Hay una parte de tu psique que no reconoce la diferencia entre un ritual y un evento real". Por ejemplo, si te das un baño de ritual con las intenciones de purificarte, hay una parte tuya que cree que de veras te has purificado y ahora puedes comenzar de nuevo.

Los rituales no tienen poder por sí solos —necesitan tu energía e intención para funcionar. Como un gran catalizador de concentración y enfoque, los rituales te ayudan a manifestar los deseos en la vida real.

Un ritual puede ser cualquier rutina

El término "ritual" suena raro y místico, ¿no? Sin embargo, todas las culturas, desde países africanos a regiones hawaianas a aborígenes e indios americanos, participan en sus propias ceremonias especiales. Piensa en los bautizos, bar mitzvás, las lluvias de regalos para bebé y los casamientos. Los rituales no son un fenómeno pagano, sino un fenómeno universal.

Por definición, los rituales tienen ciertas reglas establecidas por la gente involucrada. Sin embargo, lo que abarca el ritual está totalmente en manos de los participantes.

Recuerda que el poder del ritual viene de su significado y eficacia contigo —no de los juicios de los otros que lo consideran digno o no. Por ejemplo, ir a la iglesia todos los domingos es un ritual para millones mundialmente. Idealmente, este ritual es eficaz para cada persona que participa. ¿Quién dice que orar entre otros en una iglesia organizada una vez por semana es menor o más eficaz, digamos, que ir regularmente a la sinagoga o arrodillarse ante Meca cinco veces al día? Lo único que importa es el impacto que tiene el ritual en el individuo o el grupo.

Dicho esto, tu ritual para conectarte con el mundo espiritual puede entablar cualquier cosa, desde baile a poesía recitada a música y accesorios elaborados. Lo importante es que te ayude a sentirte uno con el reino angelical. Los rituales tienen la capacidad de elevar tu corazón, aliviar tu carga emocional y ayudarte a nuevamente sentir gratitud, esperanza, alegría y gracia.

Los rituales alimentados por intenciones negativas pueden crear energía y resultados dañinos. Los rituales y las ceremonias nunca se deben usar para lastimar a otros.

Enfócate en conectar, no en elementos superficiales

Aunque es importante establecer qué hace que un ritual se sienta bien para ti —la oscuridad total, las velas de una marca en especial, música ambiental y más—, no debes distraerte con estos pequeños detalles. Un ritual puede ser tan sensacional como una obra de teatro de Shakespeare pero puede carecer verdadera sustancia. En otras palabras, la acción tiene que ser un medio para un fin.

La autora de *The Joy of Ritual* (ver Anexo E), Barbara Biziou, llama a las diferentes partes de un ritual los "ingredientes". Como en una receta, quieres asegurarte que tus ingredientes se mezclen bien y te acerquen a la experiencia deseada.

El resultado final deseado es que te sientas más cerca de los divino, no que solo actúes un ritual elaborado y extravagante para hacer alarde con tus amigos o como una forma creativa de expresión. Es importante no perder el enfoque del verdadero propósito de tu ceremonia.

Ángeles Arrien, un antropólogo cultural, recomienda tres maneras de crear bendiciones a través del ritual. La primera es orar todos los días, con una intención sagrada. La segunda es dar las gracias todos los días, manteniendo tu corazón abierto y permitiéndote ser un estudiante. Finalmente, haz una acción de afirmación a la vida todos los días —un acto anónimo de bondad— para reestablecer el placer y la magia en nuestro mundo.

Comprende los altares

Una manera de homenajear a los ángeles serviciales es crear un altar angelical, lo cual te puede hacer sentir aun más conectado al universo espiritual. Te puede centrar y calmar y brindar un respiro de un mundo algo caótico. El ritual te aleja de una agenda ocupada, y el altar y sus piezas te ayudan a reflejar y afinar tu concentración en el espíritu.

Además, a los ángeles les encantará porque estás creando un lugar sagrado para honrar tu relación con ellos. El ritual refuerza los lazos y hace que sea más fácil que tú veas, escuches y sientas la orientación angelical.

¿Qué es un altar?

Un altar es una estructura o espacio elevado que sirve como un ambiente sagrado e íntimo para la veneración y las ceremonias. En este libro estamos hablando de un altar en tu casa o propiedad. Es un lugar donde te puedes concentrar, centrar y sanar, y también celebrar y honrar feriados y eventos especiales. Puede ser tan elaborado como un área construida o tan simple como un mantel.

Un altar también es un lugar para honrar las transiciones de la vida, cambios dramáticos y ritos de iniciación. Considera todos los cambios que vivimos como humanos todos los días:

- Nacimientos
- Muertes
- Cambio de estaciones
- Graduaciones
- Cambios de carrera
- Casamientos y otras ceremonias de compromiso
- Mudarse a una casa nueva

Un altar puede brindar un refugio o un punto de enfoque durante las grandes transiciones de la vida. Dentro de la familia, es un recordatorio para honrar a los miembros de la familia del pasado, presente y el futuro.

De hecho, solo estar en la presencia de un altar puede bastar para crear una influencia positiva. Los objetos que pones dentro del altar en sí representan físicamente ideas abstractas, dándole forma a lo amorfo, y nos brinda una conexión concreta y visual a nuestro mundo espiritual. En pocas palabras, un altar es una expresión física de un concepto espiritual.

Los altares no son solo un lugar de congregación para los momentos alegres, sino también durante los momentos de pena. No tengas miedo de usar tu altar para ayudarte a encontrar paz durante los momentos difíciles en tu vida.

Los altares son parte de nuestra vida diaria y nomenclatura. Por ejemplo, en vez de decir "casarse" decimos "ir al altar".

¿Dónde poner un altar?

Aparte de nuestra propia seguridad, un altar nos hace más fácil la conexión con el mundo espiritual. Honramos a nuestros ángeles y guías con la creación y las bendiciones de un altar.

Para crear un altar, encuentra un rincón pequeño y agradable en tu propiedad. Puede ser un recoveco íntimo en tu apartamento, una zona acogedora en la sala de estar de tu casa o un lugar hermoso en tu jardín

Agregar piezas a tu altar angelical

Piensa en lo que te gustaría agregar, ya que cada propiedad terrenal tiene una energía diferente. Por ejemplo, el olor de una flor particular provoca a un espiritual particular, y ni hablar de la influencia física, como la de una foto inspiradora o una preciosa selección de colores. Similar a la alquimia, estos diferentes gestos simbólicos se mezclan y forman un tema sólido —una energía en especial— que vibra desde tu altar.

Al pensar en qué agregarle a tu altar, las estatuillas de ángeles son maravillosos seres espirituales simbólicos, así como oraciones escritas y fotos angelicales. Poner flores frescas, velas aromáticas y frutas maduras en el altar crea un símbolo fuerte de alegría y felicidad. Los colores también influencian la energía y circulación de tu altar. Ve al capítulo 10 para más información sobre lo que representa cada color.

También ten en cuenta las piedras y gemas para tu altar, ya que su energía terrenal puede emanar una influencia que te conecta a la tierra y te ayuda a sentirte más centrado en el altar. Algunas piedras también están conectadas a otros aspectos espirituales. Por ejemplo, la esmeralda, una gema brillante y hermosa, está asociada al cuarto chakra, el chakra del corazón.

Aquí siguen algunas piedras y gemas para tener en cuenta:

- Ámbar —Para brindar protección y para sanar

- Amatista —Para ampliar la compasión y la intuición

- Citrino —Para aclarar la mente

- Diamante —Para inspirar valentía y claridad

- Esmeralda —Para sanar emocional y espiritualmente

- Jade —Para aumentar la sabiduría

- Lapislázuli —Para abrir la intuición

- Labradorita —Para equilibrar las emociones

- Ónix —Para conectarse con la tierra

- Cristal de cuarzo —Para crear una sintonía espiritual

- Rubí —Para vigorizar la salud y la pasión

- Zafiro —Para inspirar devoción y dedicación

- Topacio —Para abrir nuevos niveles de conocimiento y sabiduría

- Turquesa —Para crear balance y armonía

iluminaciones

Muchos sanadores creen que el cristal de cuarzo es una de las piedras más poderosas. Conocido por transformar la energía, el cristal de cuarzo crea una sensación de paz en los individuos así como en los medio ambientes.

Como sucede con las piedras y gemas, las plantas y flores agregan cualidades y armonías específicas a tu altar angelical

- Narciso —Para dar inocencia, alegría juvenil
- Margarita —Para fomentar la inocencia
- Jazmín —Para inspirar la belleza
- Lirio —Para brindar pureza
- Lirio de los valles —Para ayudar a empezar un nuevo comienzo
- Loto —Para abrirse a la iluminación
- Rosa —Para inspirar amor
- Girasol —Para vigorizar el optimismo y la positivismo
- Tulipán —Para fomentar la vitalidad

consejos celestiales

Los expertos de plantas dicen que los lirios del valle pueden ser peligrosos al tacto, por ende, manéjalos con cuidado, así como cualquier planta rara. Vale la pena hacer una búsqueda veloz en el Internet antes de buscar por tu cuenta.

Hay muchos otros objetos que pueden refinar aun más al altar. Aquí tienes algunos para tener en cuenta:

- Campanas —Símbolo del alma
- Plumas —Símbolo del vuelo angelical
- Metales —Oro y plata representan las energías del sol (masculino) y la luna (femenino)
- Conchas —Aumentan la protección, compasión y sintonía espiritual

Existen varios objetos más para considerar para un altar, incluyendo velas sagradas, cuentas benditas, cruces e incienso. Abre tu mente —y tu corazón— y agrega objetos que te son importantes.

iluminaciones

Durante años, los matemáticos han creído que el diseño de ciertos objetos crea una "razón áurea", una medida que conecta a todas las cosas que se encuentran en la naturaleza. El primer partidario de la razón áurea fue el antiguo romano Pitágoras, luego conocido por su teorema geométrico. Los espiritualistas ven a la razón áurea como la huella digital de Dios —un número perfecto que se encuentra a través de la naturaleza. Los matemáticos modernos ven a la razón áurea, que es 1,6180339887, en las notas musicales, las pirámides egipcias, las plantas y las conchas de mar.

Cómo utilizar tu altar

Antes de ponerte cómodo en tu altar, apaga tu celular, pon a tus mascotas en otro cuarto y asegúrate que tus hijos están tranquilos. La meta es tener un espacio silencioso —uno sin ruidos fuertes ni distracciones.

Una vez que te sientas bien con el medio ambiente de tu altar, es hora de usarlo para conectarte o reconectarte con tus ángeles. Utiliza el ejercicio de imágenes guiadas del capítulo 7, o reza, medita, escribe en tu diario, reflexiona, celebra... cualquier cosa que sientas que mejor expresa tu gratitud.

El ritual se trata de tomar un tiempo específico cada día, semana o mes para honrar los eventos de la vida. Cuánto más seguido disfrutes del ritual, se volverá más cómodo y eficaz.

Puntos esenciales

- Los rituales no son para confesarse y pueden ser tan simples o elaborados como desees.
- El propósito de un ritual o una ceremonia es acercarte a lo divino.
- Un altar es un lugar íntimo, a menudo pequeño, ubicado adentro de tu casa o en el jardín.
- Los altares se pueden usar para celebrar o honrar eventos grandes así como pequeños de la vida —tanto los desafiantes (como la muerte) y los emocionantes (como el nacimiento).
- Las piedras, gemas, plantas, flores y los demás objetos se mezclan para crear un tema y una energía específica para el altar.

capítulo 14

Conéctate con tu ángel interno

Cómo las cualidades angelicales enriquecen nuestras vidas

Las diez cualidades principales para ayudarte a conectar con tu ángel interno

Qué arcángeles llamar para ayudarte a encontrar tus atributos divinos

Preguntas que te ayudan a acceder a tu yo angelical

El regalo perdurable de la orientación angelical

En la sociedad de hoy en día, la simple idea de estar a la altura de una imagen "angelical" puede dejar al 99,5% de la población sintiéndose fuera de su alcance, ni hablar de que la mayoría no está buscando ser otra Madre Teresa.

Sin embargo, encontrar a nuestro ángel interno no lleva un sinnúmero de sacrificios, la pureza incalculable del corazón y el cuerpo ni poner a todos los demás antes de nosotros mismos. Simplemente quiere decir conectarse a las cualidades preciosas y vibraciones altas de los ángeles para hacer que nuestras vidas sean más fáciles y significativas.

Los diez principios básicos

Los ángeles aspirar ponernos en contacto con estos dones y características innatas y superiores que ya poseemos a nivel profundo y espiritual. Cuando nos abrimos a la orientación angelical, hay varias cualidades celestiales llenas de luz que están fácilmente accesibles para nosotros. Simplemente debemos pelar algunas capas de resistencia para revelar nuestra propia naturaleza divina.

La verdad

> *"Ningún placer es comparable a pararse sobre el punto de vista de la Verdad".*
>
> —Sir Francis Bacon, filósofo ingles del siglo XV, hombre de estado y autor

La verdad se puede encontrar cuando no hay miedo ni culpa alrededor de tu ser. La aceptación de ti mismo y tus creencias te brinda el valor para ser "real" con quienes te rodean. La "autenticidad" proviene de la sabiduría espiritual y el amor por uno mismo. No se consigue al ponerte por encima o debajo de los demás —simplemente vivir en el ahora. Vivir en el presente con amor propio iluminará una luz sobre tu verdad personal y te hará más consciente de las verdades universales.

Vivir con la verdad significa *autenticidad*. Ser auténtico significa ser real con tus sentimientos y contigo mismo. A menudo diluimos o enterramos nuestros sentimientos para evitar confrontaciones. Cuando no dejamos que los demás vean nuestro verdaderos sentimientos, a menudo encontramos que nos sentimos frustrados y llenos de resentimiento, y esto nos puede jugar en contra al afectar nuestra salud y estado mental. La autenticidad significa hablar la verdad, de una manera que no juzgue ni abuse, directo del corazón y el espíritu.

definición

Ser *auténtico* refleja que los pensamientos y emociones que expresamos han sido honesta y genuinamente experimentadas.

Encuentra maneras de confiar, amar y perdonarte para ser más auténtico.

Llama al Arcángel Miguel para que te ayude a conectarte con la verdad. Hazte las siguientes preguntas:

- ¿Dónde me ha dado miedo ser ver veraz conmigo mismo?

- ¿Dónde me ha dado miedo ser auténtico con los demás?

- ¿Cuáles son los sentimientos de los que no estoy hablando?

- ¿Cómo se han visto afectadas mis relaciones al no siempre decir la verdad?

- ¿Cuándo hablé la verdad y como consecuencia me sentí más cerca de los demás?

- ¿Qué sería de mi vida si viviera en un lugar de verdadera autenticidad?

La compasión, el amor y el servicio

"La mejor manera de encontrarte es perdiéndote en el servicio a los demás".

—Mahatma Gandhi, importante líder político y espiritual de la India del siglo XX

La compasión es lo que nos empuja hacia el servicio —una de nuestras misiones aquí en la Tierra. La compasión no es sentir lástima por los demás sino relacionarse como un ser humano a otro —como uno de los hijos de Dios a otro. Al saber que la vida puede ser difícil, no hay pretensión en la compasión ya que simplemente sientes y reconoces el dolor del prójimo en nuestro mundo. La compasión te permite, aunque sea por un momento, estar en los zapatos del otro. Mantiene a todos los seres humanos al mismo nivel, ya que ninguna vida está completamente encantada.

El amor propio y la compasión igualan una oportunidad para sentir grandes profundidades de amor por las personas que te rodean. Esencialmente, sientes una conexión totalmente nueva con los demás, y el amor y la compasión que emanas se vuelve contagiosa.

La compasión es una cualidad que nos permite ayudar al prójimo y es una catalizadora para sobrellevar nuestro enfoque obsesivo con nuestras propias necesidades, preocupaciones y ego. Experimentar una falta de compasión proviene de las creencias centradas en el yo que, al fin y al cabo, nacen del miedo. Cuando nos enfocamos en darnos los gustos por sobre todo el mundo y todas las cosas, a menudo es una defensa para no dejar pasar la posibilidad del dolor, la humanidad y la emoción.

iluminaciones

La compasión y la empatía a menudo se cree que son la misma cosa. Pero esto no es así. La compasión es una emoción de panorama general, mientras que la empatía depende más de la situación. La compasión representa un deseo de aliviar el dolor, estrés y sufrimiento general de otro, mientras que la empatía ocurre más en el momento, como una reacción llena de amor al dolor de alguien. Un ejemplo de empatía es sentir preocupación o ser servicial cuando ves a alguien llorar o con un miedo visible. Un ejemplo de la compasión sería sentir preocupación al descubrir que tu colega está luchando contra una enfermedad terminal.

Cosas como emociones apagadas o adormecidas, todavía no conocer la alegría de ayudar y tenerle miedo a terminar como la gente necesitada pueden ser todas disuasiones que no permiten que una persona aprenda compasión, servicio y el amor incondicional por otros. Sin embargo, la verdadera sabiduría y satisfacción solo ocurren cuando paramos de vivir exclusivamente para nosotros.

Estar al servicio de la humanidad puede incluir un vecino, una comunidad, un país o hasta el mundo entero. Servir al bien común es una misión noble aquí en la Tierra y nos ayuda reconocer que todos somos uno y cualquier necesidad que existe para los demás, al final nos afecta a todos de alguna manera. El servicio es espiritual, nos pone en el aquí y ahora, y nos mantiene íntegros.

Mira a nuestros ángeles de la guarda; ellos nos aman y aceptan sin condiciones. No nos juzgan ni nos tratan de cambiar, pero muestran compasión por las dificultades que atravesamos. Su papel es ser servicial, y proyectan una energía pura y llena de amor al ayudarnos.

Llama al Arcángel Chamuel y al Arcángel Zadkiel para que te ayuden a conectarte con la compasión, el amor y el servicio. Hazte las siguientes preguntas:

- ¿Dónde he mostrado compasión y amor por mí mismo?
- ¿Dónde he mostrado compasión y amor por los demás?
- ¿Dónde necesito encontrar más compasión y amor en mi vida?
- ¿Cómo me ha impactado la vida positivamente el servicio a los demás?

El voluntariado y la filantropía no solo nos ayuda a sentirnos bien, sino que también han demostrado tener beneficios saludables importantes. La Corporation for National Community Service realizó un estudio en 2007 que demostró que el servicio a otros aumenta la duración de vida de uno, baja la posibilidad de depresión y puede mejorar las capacidades funcionales.

El perdón

"Debemos desarrollar y mantener la capacidad para perdonar. Aquel que está desprovisto del poder del perdón está desprovisto del poder del amor. Hay algo bueno dentro de lo peor de nosotros y algo malo dentro de lo mejor".

—Martin Luther King Jr., líder destacado del movimiento de derechos civiles americanos del siglo XX.

El perdón es comprender que el enojo, el odio, el resentimiento y el dolor son todos destructivos para la persona que se aferra a estos sentimientos. Una de nuestras lecciones más difíciles es el perdón hacia los demás y nosotros mismos. El perdón viene de una comprensión superior de que hay una lección en todas las relaciones personales, ya que estamos permitiendo diferentes historias (del cuerpo físico y el alma) y experiencias y motivaciones personales dentro de nuestras interacciones con los demás.

El perdón no quiere decir que apruebas las injusticias, el maltrato o el abuso; simplemente significa que estás dispuesto a ver más allá de las limitaciones de los defectos humanos de la persona y sus acciones desviadas para ver la luz interna del alma de una persona. Es estar dispuesto a decir:

"No estamos de acuerdo, pero te puedo amar y respetar como mi prójimo y el hijo de Dios".

Nada bueno resulta de no perdonar. Nos tapa emocional y energéticamente e inhibe nuestra expresión total de alegría. Ser implacable proviene del miedo de que no nos honraron debidamente, sin embargo el honor debe nacer de adentro nuestro. No debemos esperar que el mundo externo siempre nos de lo que queremos. Debemos mirar hacia adentro para lo que deseamos, no hacia fuera.

Los ángeles son ejemplos a seguir en cuanto al perdón. Todos los días son testigos de humanos comportándose de maneras asombrosas y, sin embargo, nunca retiran su amor y apoyo por la humanidad.

Llama al Arcángel Chamuel y al Arcángel Zadkiel para que te ayuden a conectarte con el perdón. Hazte las siguientes preguntas:

- ¿Qué no les he perdonado a los demás?
- ¿Qué no me he perdonado a mí mismo?
- ¿Cómo he buscado a otros para satisfacerme?
- ¿Cómo puede traerme más paz a la vida perdonar a otro?
- ¿A quién podría perdonar hoy mismo? ¿Cómo lo haré?

Introducción a LOS ángeles

Una de las mejores maneras de comenzar el proceso del perdón es escribiéndole una carta a la persona que te tiene enojado o desilusionado. Asegúrate de sacarte de encima todos tus sentimientos no expresados. No envíes el primer borrador de esta carta. Sirve como un proceso catártico descubrir lo que realmente te ha herido y poner tus sentimientos en perspectiva, así luego puedes acercarte a la persona de una manera más centrada y llena de amor, sea en persona o enviando una versión finalizada y considerada de tu carta.

La fe y la confianza

"Cada mañana tiene dos manijas. Podemos comenzarlo tomando la manija de la ansiedad o la manija de la fe".

—Henry Ward Beecher, reformador prominente del siglo XIX

La fe es poder confiar que el universo siempre quiere lo mejor para nosotros y que el universo siempre nos brinda lo que necesitamos en todo momento. Hay un plan superior para cada uno de nosotros que nosotros quizá ni siquiera podamos ver día a día, pero saber que todo está en la orden divina y es apropiado para nuestro crecimiento y bienestar. La verdadera fe existe sin promesas de lo que vendrá mañana porque hay un plan superior y divino para cada uno de nosotros. La falta de fe proviene del miedo a la falta de control, vivir en el futuro y el miedo al fracaso.

Siempre estás eligiendo, hasta cuando a un nivel consciente no lo crees; el universo y Dios nunca te están haciendo algo que tú no desees o no has confirmado de alguna manera.

Mucha gente no confía en sí misma y eso los mantiene en una prisión hecha por ellos mismos, con miedo a arriesgarse y probar cosas nuevas. Lo que los retiene es la creencia de que las cosas tienen que estar en cierto orden que garantice el éxito antes de que puedan confiar. El universo no siempre trabaja así. La verdadera confianza en sí mismo no depende del resultado. La fe y la confianza trabajan de la mano. Los ángeles siempre tiene confianza absoluta en ellos mismos y fe total en el universo. Quieren que tengamos la vida más plena posible y siempre nos animan a aceptar la fe y aprender la confianza.

Llama al Arcángel Rafael y al Arcángel Gabriel para que te ayuden a conectarte con la fe y la confianza. Hazte las siguientes preguntas:

- ¿Cuándo he confiado totalmente en el universo y se me han cumplido las necesidades?

- ¿Cuándo he tenido fe absoluta en mí mismo y he triunfado?

- ¿Cuándo me ha retrasado e impedido tomar riesgos el hecho de no confiar en mí mismo ni en el universo?

- ¿Dónde he buscado construir la fe y la confianza fuera de mí mismo?

- ¿Cómo puedo ver a mis adentros para ayudarme a tener verdadera fe y confianza?

La paciencia

"Cuando las nubes se forman en el cielo, sabemos que le seguirán la lluvia, pero no debemos esperarla. Nada se logrará al tratar de interferir con el futuro antes de que madure el tiempo. Se necesita paciencia".

—El I Ching, antiguo oráculo chino

Hay un viejo dicho que dice: "Las cosas buenas le llegan a aquellos que esperan". Este mantra, en la sociedad de hoy en día, no es siempre valorado. La naturaleza humana es impaciente —la sociedad moderna acepta esto. La paciencia llega con la madurez y el crecimiento espiritual, ya que hasta llegar a estar dispuestos a esperar, somos como recién nacidos demandando que nos cumplan las necesidades. Al darnos más cuenta de nuestra conciencia y espiritualidad, aprendemos que hay algo llamado el momento oportuno divino que se aplica a todo en nuestras vidas.

¿Qué causa que tantos de nosotros seamos impacientes? A menudo al no recibir lo que queremos en seguida, nos frustramos, enojamos, entristecemos o nos sentimos un fracaso. ¿Por qué? Se puede decir que nace de la creencia y el miedo de que no tenemos verdadero control de nuestras vidas y puede que nunca recibamos lo que realmente deseamos.

La paciencia trae consigo la sabiduría y confianza de que lo que ponemos en nuestras vidas energéticamente nos será devuelto en el momento oportuno.

Llama al Arcángel Gabriel para que te ayude a aprender la paciencia. Hazte las siguientes preguntas:

- ¿Cuántas veces espero satisfacción instantánea en mi vida?
- ¿Cuándo he empujado para recibir cosas porque tenía miedo de que no me cumplieran los deseos?
- ¿Cuándo me he beneficiado de la paciencia?

La abundancia y la gracia

"La abundancia no es algo que adquirimos. Es algo con lo que nos conectamos".

—Doctor Wayne Dyer, destacado autor y psicólogo moderno

La abundancia es nuestro derecho divino como hijos de Dios. Es la fuente vital del universo, y nosotros podemos conectarnos a ella con el tiempo. Cuando estamos relucientes con una alta vibración, somos capaces de reclamar nuestra regalo de Dios en la vida: la prosperidad. La gracia existe al estar en la circulación. Una circulación natural de sincronizaciones, alegría y bendiciones llega cuando vives equilibrado y en armonía. Es estar en la diaria mentalidad de abundancia y gracia, como una afinación energética que trae más de lo que deseamos a nuestras vidas.

Un miedo de no tener lo suficiente, no ser los suficientemente bueno o fracasar en todo, juegan un papel en la falta de abundancia y gracia. Los ángeles lo comprenden. Ellos no tienen que luchar para que sus necesidades se cumplan, ni tienen que existir en un estado de miedo, porque saben que el universo tiene abundancia ilimitada para ellos y lo único que tienen que hacer es conectarse.

Llama a todos los arcángeles para que te ayuden a sintonizar con la abundancia y la gracia. Hazte las siguientes preguntas:

- En mi vida actual, ¿dónde se ve la abundancia y la gracia?
- En mi vida actual, ¿dónde falta la abundancia y la gracia?
- ¿En qué áreas me siento digno de la abundancia?
- ¿En qué áreas no me siento digno de la abundancia?
- Empezando hoy, ¿qué puedo hacer para conectarme con la abundancia?

La serenidad

"La serenidad no es libertad de la tormenta, sino paz entre la tormenta".

—Anónimo

La serenidad es un estado de cuerpo, mente, espíritu y emoción. Uno no necesita meditar ni estar de vacaciones para encontrar serenidad. Hasta en el medio del ruido o caos, podemos elegir ser pacíficos y tranquilos. La serenidad crea equilibrio, menos drama y más comprensión en nuestras vidas. Estamos más conscientes y menos distraídos. El mundo espiritual está en paz. Cuando no tenemos serenidad en nuestras vidas, a menudo es porque le tenemos miedo a nuestra propia moralidad. Nos hemos vuelto adictos al caos como autodefensa —no necesitamos mirarnos a nosotros mismos ni dirigirnos a nuestro espíritu.

Muchas veces nos agarramos de los problemas y dramas de los demás para sentirnos más vivos o distraernos de nuestras propias vidas. A veces lo disfrutamos tanto que interferimos en las vidas de los otros y tratamos de cambiarlas. Como resultado, encontramos lo opuesto a la serenidad; encontramos conflicto y dificultad.

Los ángeles encuentran serenidad en todo momento porque no viven con miedo ni tienen la necesidad de cambiar a los demás o estar envueltos en sus dramas. Su meta es la paz y la constancia.

Llama al Arcángel Jofiel y al Arcángel Chamuel para que te ayuden a experimentar la serenidad. Hazte las siguientes preguntas:

- ¿En qué áreas de mi vida actual tengo serenidad?
- ¿A qué partes de mi vida actual le faltan serenidad?
- ¿Qué papel estoy desempeñando en mi estado actual de serenidad?
- ¿Cómo he dejado que otros me quiten la serenidad?
- ¿Qué relaciones (amigos, familia, colegas) me crean más drama en mi vida?

consejos celestiales Se paciente contigo mismo mientras accedes a tu cualidades divinas interiores. No necesitas ser perfecto, ni necesitas conectarte con las diez cualidades a la vez. Algunas te serán más fáciles, así que no tengas miedo en concentrarte en aquellas que te son más naturales al principio. Hasta los pequeños cambios para el bien en cada área te harán la vida más fácil y feliz.

La devoción y el propósito

"Y llegó el día en que el riesgo de permanecer encerrado en un capullo era más doloroso que el riesgo de florecer".

—Anais Nin, autora americana del siglo XX

Encontrar nuestra verdadera pasión en la vida y trabajar duro son conceptos divinos. Nuestras vidas no están completas sin un propósito o una causa a la cual dedicarnos. No tiene que ser magnífico, pero si necesitamos estar en el juego de la vida en al menos un área de nuestra existencia diaria (cuando no estamos sentados al margen viendo como nos pasa el mundo por al lado).

Al nacer, nos brindaron los regalos únicos de personalidad, talento y capacidades más una misión para nuestra vida sobre la Tierra. Si nos descarrilamos o nos perdemos, a menudo nos confundimos con respecto a nuestra razón de ser en este planeta. No saber cuál es esta razón de ser nos puede dejar adormecidos y frustrados. Debemos mirar hacia adentro para encontrarlo, y cuando lo hagamos, debemos dar de nosotros —cuerpo, corazón y alma— para ser lo mejor que podemos ser. Esto es lo que hacen los ángeles dentro de su misión para ayudar a la humanidad.

Llama al Arcángel Miguel para que te ayude a encontrar la dedicación y el propósito. Hazte las siguientes preguntas:

- ¿Cuáles son mis pasiones más importantes en la vida?

- ¿Dónde debo encontrar más pasión o interés en mi vida?

- ¿Trabajo con dedicación en alguna área de mi vida? Si es así, ¿cuáles son?

- Si pudiera tener tres propósitos principales en mi vida, ¿qué serían?

La comprensión superior

"Aprende a ponerte en contacto con el silencio dentro tuyo, y ten en cuenta que todo en la vida tiene un propósito. No hay errores, no hay coincidencias, todos los eventos son bendiciones que nos son dadas para que aprendamos".

—Elisabeth Kübler-Ross, psiquiatra y autora suizo-americana

La comprensión superior es la capacidad de ver más allá de lo obvio sin estar limitado ni incapacitado por nuestras experiencias, pasado o limitación humana. Se trata de usar la intuición, percepción y conciencia para ver las cosas desde una perspectiva superior sin miedo ni preocupaciones insulsas del diario vivir.

La comprensión superior viene con la realización de que el universo está trabajando desde un lugar que puede que no entendamos por completo en este instante, pero con el tiempo definitivamente veremos el trabajo divino del universo con mucha más claridad y agradecimiento.

Es el conocimiento de que estamos aprendiendo lecciones todos los días y aunque las cosas pueden parecer imposibles, nunca lo son. A través de la comprensión superior, obtenemos la sabiduría para entender que Dios y el universo no nos quitan ni dan las dificultades y las luchas.

Nosotros ocasionamos nuestros propios desafíos, ya que somos uno con la energía universal y nuestro libre albedrío nos ayuda a formar nuestras vidas. Debemos asumir la responsabilidad de nuestras circunstancias a través de nuestras elecciones. Sea que nos mantengamos fluyendo o nademos contra la corriente, es nuestra elección y libre albedrío.

Llama al Arcángel Uriel para que te ayude a encontrar la comprensión superior. Hazte las siguientes preguntas:

- ¿Dónde he demostrado un sentido de comprensión superior en los últimos tres años?

- ¿Cómo han formado mi vida mi comportamiento, actitud y creencias?

- ¿Dónde he culpado al universo por mi lucha en lugar de mirarme a mí mismo?

- ¿Cómo me serviría desarrollar mi intuición?

Una de las mejores maneras de experimentar más felicidad en la vida es no tomarse las cosas demasiado en serio todo el tiempo. La risa y el humor son sanadores maravillosos y llaves poderosas para abrir la felicidad.

La alegría

"Nunca es demasiado tarde para tener una niñez feliz".

—Anónimo

La alegría es una elección en la vida. También es una actitud. La alegría nos llega cuando elegimos aceptarla y atraerla más a nuestras vidas. Las leyes espirituales declaran que lo que largamos al mundo nos viene devuelta. Cuando decidimos ver nuestras vidas a través de un filtro de alegría y enviamos alegría a los que nos rodean, experimentamos más diversión, despreocupación y éxtasis.

Una parte importante de recibir alegría es descubrir lo que te hace feliz. A través de nuestro niño interior y nuestro yo creativo, somos capaces de expresar libremente la alegría y verdaderamente sentirla. Mira a los niños; encuentran la alegría sin esfuerzo. Cuando estás deseando la alegría, simplemente vuélvete más infantil al ser más juguetón, reconocer la alegría que ya tienes en tu vida y vivir en el presente.

Los ángeles viven en un estado alegre porque aprecian lo que ya tienen y no dependen de nada ni nadie para ser feliz. Saben que la felicidad viene de adentro.

Llama a todos los arcángeles para que te ayuden a encontrar la alegría. Hazte las siguientes preguntas:

- ¿Cuáles son las cosas en mi vida que me hacen sentir bien?

- ¿Cuáles son algunas cosas buenas en mi vida que yo cree para mí?

- ¿Qué me gusta de mí —en mi cuerpo, mis emociones, mi mente y me espíritu?

- ¿Cuáles son las cosas que me hacen feliz?

- ¿En qué áreas de mi vida necesito alivianarme y ser más juguetón?

El regalo perdurable

El verdadero propósito de este libro es enseñarle a cualquiera que tenga el interés que conectarse con la orientación angelical se vuelve un regalo preciado y un apoyo constante en nuestro mundo frenético. Desde las más pequeñas tareas diarias a las encrucijadas en nuestras vidas, los ángeles están disponibles para nosotros como un recurso celestial directo de Dios. De hecho, el momento más prometedor para recibir ayuda de los ángeles es cuando estamos descarrilados y alejándonos de nuestra senda espiritual superior. Cuando las cosas no nos están funcionando, se podría decir que los ángeles sirven como una luz llena de amor y una presencia en las tormentas de nuestras vidas, ayudándonos a reconocer nuestro poder innato, nuestro valor y nuestra comprensión profunda para navegar sabiamente a través de nuestros días y volver a encaminarnos. Sin embargo, los ángeles también pueden ser compañeros alegres y cariñosos durante momentos más felices, alentándonos a brillar nuestra preciosa luz para los demás cada vez que podamos.

Como bien ilustra este libro, cualquier hora del día es una hora sagrada para llamar a los ángeles. Cecily ha encontrado que para sus estudiantes, conectarse con el reino angelical regularmente es un cambio de vida completo. Aquellos que han logrado hacer un ritual diario usando su intuición y conciencia para estar en comunión con los ángeles y el resto del Equipo de Apoyo Espiritual se benefician en tantas maneras —espiritual, mental, emocional y físicamente. Cuando los ángeles entran a nuestras vidas, construir relaciones más cercanas, encontrar el éxito y experimentar la felicidad se vuelve todo menos lucha y misterio y más un estilo de vida.

Puntos esenciales

- No necesitas ser un santo para encontrar cualidades angelicales en ti.

- Los ángeles nos quieren ayudar a explorar nuestras cualidades divinas para tener más alegría y sentido en la vida.

- Cada atributo tiene uno o más arcángeles asignados a él.

- Las cualidades inspiradas como la compasión, la confianza, el amor y la paciencia todas pueden ser obtenidas por cada uno de nosotros.

- Las preguntas adecuadas nos pueden ayudar a conectarnos con nuestro ser angelical.

Glosario

acupuntura   Una forma antigua de medicina china tradicional que trabaja directamente con la circulación del chi. Es la práctica con la que se insertan agujas finas en puntos específicos del cuerpo con el objetivo de aliviar el dolor o por otras razones terapéuticas.

alma gemela   Una compañera y ayudante con quien compartimos muchas lecciones de vida y un desarrollo similar del alma.

alquimia   El antiguo arte de combinar materiales (a menudo químicos) para crear algo más valioso que los objetos originales por separado. La práctica llego al sumo de su popularidad en la Edad Media cuando tanto los magos como los científicos buscaban los objetos indicados para transformar al plomo en oro.

altar   Una estructura o espacio elevado que sirve como un ambiente sagrado e íntimo para la veneración y las ceremonias. En este libro estamos hablando de un altar dentro de tu casa o jardín. Es un lugar donde te puedes concentrar, centrar y sanar, y también celebrar y honrar feriados y eventos especiales.

ángel   Una guía espiritual y mensajero eterno, bajo un poder superior, enviado para ayudar a la humanidad.

antropomorfismo   La práctica de atribuirle rasgos y cualidades humanas a objetos y seres no humanos.

aparición   Un fenómeno en donde una figura etérea aparece de una manera inesperada o extraordinaria.

apocalipsis Una profecía de una guerra o desastre devastador. También puede significar el evento en sí.

arcángeles Los capitanes y mánagers del reino angelical. Ellos son los seres poderosos que encarnan atributos divinos y están al servicio de la humanidad.

aromaterapia Aceites esenciales de plantas y flores que trabajan con el campo de energía humano a través de las vibraciones, promoviendo la sanación emocional, física y espiritual.

arte angelical Mensajes de los ángeles a través de dibujos y pinturas. El recibidor usa sus canales intuitivos de clarividencia, clariaudiencia, empatía intuitiva y clarisensibilidad para dibujar varias formas y colores como un método de comunicación angelical. Cada tinte, sombra y tono llevan un significado diferente.

asombro Cuando nuestros sentidos se entusiasman por la novedad, la sorpresa o la admiración.

aura Los siete cuerpos, o capas, alrededor del cuerpo físico. Cada uno de estos cuerpos sutiles trabaja en equipo con los chakras para crear nuestro propio campo de energía. Su condición y resplandor refleja toda nuestra salud y bienestar.

áurico Cualquier cosa que se relacione con tu aura.

auténtico Refleja que los pensamientos y emociones que expresamos han sido honesta y genuinamente experimentadas.

cartas del oráculo Barajas de cartas divinas con temas metafísicos, como mensajes angelicales u orientación intuitiva. No contienen las imágenes más oscuras de la baraja tradicional de cartas de tarot.

casualidad fortuita Encontrar que las cosas están trabajando a tu favor sin tu intervención —es decir, por pura "coincidencia".

ceremonia un ritual especial que a menudo involucra a varias personas, y honra a una o más personas, uno o más espíritus o un evento en especial que impulsó un cambio de vida.

chakra Un centro de energía ubicado en el campo de energía más grande que está alrededor de nuestros cuerpos. Cada uno de los siete chakras corre por la columna vertebral y afecta nuestros estados emocionales, físicos, espirituales y mentales.

chi Una fuerza vital positiva que fluye del sistema de energía humano. El chi sube desde la base de la columna a través de los chakras hasta el centro de la cabeza. *Ver también* chakra.

clariaudience Audición clara; la capacidad de escuchar más allá del rango sonoro normal.

clariconciencia Conocimiento claro; conocimiento interior a través de pensamientos, ideas y conceptos que nos llegan al instante.

clarisensibilidad Sentidos claros; la capacidad de sentir y capturar información a través de las sensaciones, a menudo recibiendo mensajes a través de las emociones y los sentidos.

clarividencia Ver claramente. Nuestro chakra del tercer ojo trabaja en conjunto con el lóbulo occipital del cerebro para que podamos ver más allá del velo a través de visiones e imágenes.

contratos espirituales Acuerdos que has hecho con otros individuos antes de llegar a la Tierra para enseñar, amar y guiarse entre sí. Por ejemplo, en esta vida tu mejor amigo te puede ayudar a organizarte, mientras que tú puedes ayudarla a ser más divertida y espontánea. Esos papeles ya fueron decididos y acordados por ambos antes de que nacieran en la Tierra. Los contratos espirituales se pueden aplicar a novios, esposas o hasta tu jefe. Todo depende de la profundidad de tu relación y la conexión kármica entre tú y el otro individuo.

cuerdas aka Cuerdas etéreas conocidas en el misticismo hawaiano. Son cuerdas fuertes de energía establecidas entre nosotros y aquellos que nos importan. Solo las pueden ver los clarividentes y las pueden sentir los clarisensibles.

despliegue Una colección de cartas organizadas en un patrón particular. El término se puede aplicar a cualquier tipo de carta. Por ejemplo, una casa llena, dos del mismo palo y una flor imperial son todos despliegues de póquer.

ego El yo, separado de los otros y el mundo entero. En psicoanálisis, el ego es la división del psique que es la conciencia, controla el pensamiento y la conducta, y está más sintonizado con la realidad externa.

empatía intuitiva Una forma enaltecida de la clarisensibilidad que se conecta con las emociones, energías y enfermedades de otras personas.

entonación vocal Un tipo de terapia sonora simple y natural que funciona directamente con el campo energético humano. Un tono es un sonido vocal definido que mantiene una afinación y vibración constante. En el proceso de entonación, los tonos singulares —a menudo sonidos de vocales— son sostenidos vocalmente, como "Aaah" o "Ooooh".

epifanía Una perspicacia aparentemente repentina que cambia la comprensión que uno tiene sobre la vida o una situación específica.

Equipo de Apoyo Espiritual Ayudantes espirituales, guías espirituales, seres queridos difuntos y espíritus de la naturaleza que ayudan a los ángeles a ayudarnos a nosotros a llegar a nuestro potencial más alto.

escudo angelical Crear un límite de luz entre tu campo de energía y los campos energéticos de los demás. Estos escudos usan frecuencias de colores vívidos directos del reino angelical.

esencias florales Remedios que son infusiones de agua con una gran variedad de flores, árboles, arbustos y plantas. Las esencias son vibrantes en la naturaleza y trabajan junto al campo energético humano para restaurar el equilibrio de la circulación de energía. Su impacto más importante viene de reequilibrar y transformar las emociones. Estas esencias fomentan una limpieza suave y no invasiva de las emociones negativas estancadas al restaurar la circulación de energía y las frecuencias vibratorias sanas dentro del cuerpo emocional.

filantropía   La buena voluntad hacia los demás o, literalmente, dar un regalo o contribución a alguien necesitado.

guía espiritual   Un ser espiritual que ha vivido en la tierra previamente y sirve como mentor avezado.

imagen guiada   Lo que ves con el ojo de tu mente, pero también puede incluir imágenes más amplias, como lo que escuchas, sientes, hueles y saboreas en tu imaginación. Este tipo de visualización a menudo es guiada por las meditaciones con imágenes en libros, CDs o por un profesional.

Inmaculada Concepción   A menudo usado para describir cualquier embarazo logrado sin acto sexual o intervención humana; sin embargo, el término técnicamente solo se aplica al nacimiento de Jesús —por eso se escribe con mayúscula.

ley espiritual   Una de muchas verdades espirituales fundamentales que existen y funcionan en el universo.

libre albedrío   La idea filosófica de que tienes la libertad para hacer lo que quieras cuando quieras sin estar limitado por un destino determinado.

llama melliza   Una persona que tiene las cualidades que tú necesitas para lograr tu meta más importante. Ellas te necesitan tanto como tú las necesitas a ellas.

Maestros Ascendido   Seres espirituales iluminados que sobresalieron aquí en la Tierra y se han reconectado con Dios. Como verdaderos maestros de la humanidad, su meta es ascender nuestra evolución espiritual. Algunos ejemplos incluyen a Buda, Kwan Yin, St. Germaine y Jesús.

mana Una palabra hawaiana para la energía de fuerza vital; también conocida como el chi o prana.

médium Una persona que se comunica con el mundo espiritual a nivel profesional. Los médium a menudo se contratan para conectar a los seres vivientes con los difuntos.

momento oportuno divino Cuando el universo coordina un evento en el momento justo para todos los involucrados.

niños añiles Un grupo de niños ultra sensibles y altamente intuitivos destinados a elevar a la humanidad al siguiente nivel.

paradigma Un esquema de ideas o reglas con el cual trabaja la gente. Un cambio de paradigma es un gran evento que cambia estas ideas o reglas.

Qigong El antiguo arte y ciencia china con la que podemos volvernos conscientes de la energía de fuerza vital de uno y aprendemos cómo dominar su circulación a través de una composición controlada de posturas, movimiento, meditación y respiración. La palabra significa "trabajo respiratorio" o "trabajo energético" en chino.

querubín Un grupo de ángeles de alto rango.

Reiki Un sistema antiguo de sanación de energía manual. La palabra japonesa *Reiki* significa "energía vital universal". Como en otras terapias de sanación, el Reiki trabaja para equilibrar y restaurar la circulación del chi.

reino elemental Espíritus de la naturaleza que trabajan bajo la Madre Tierra (Gaia), incluyendo hadas, gnomos, sílfides y duendes.

ritual Una rutina fija que trae consuelo o ayuda a mantener el orden.

serafín Un ángel de alto rango, un protector del trono de Dios con muchas alas.

sincronización Ocurre cuando acontecimientos separados trabajan juntos. Los resultados en general son positivos.

vibración   La frecuencia que lleva nuestro sistema energético. Comunicarnos regularmente con los ángeles nos ayuda a mantener las vibraciones altas y positivas.

vidente   Una persona que puede ver cosas que otros no pueden ver tan fácilmente, como espíritus y hasta el futuro.

Yahweh   A menudo usado como otro nombre para Dios. Literalmente significa el Dios de Israel.

Preguntas y respuestas

¿Tienes preguntas sin responder sobre los ángeles y el mundo espiritual? Lee las siguientes preguntas frecuentes para encontrar tu respuesta.

¿Los ángeles nos guían hacia el cielo cuando morimos?

Sí, los ángeles son nuestras guías cuando pasamos al otro lado. Nos ayudan a dejar nuestra casa terrenal atrás y nos escoltan a nuestra casa nueva del otro lado. A menudo, la gente al borde de la muerte habla sobre la visita de los ángeles.

He tratado de llamar a mis ángeles y nunca recibo un mensaje como respuesta de ellos. ¿Cómo puedo llamarles la atención?

¡Ya tienes su atención! ¡Desde el momento en que los invitaste a tu vida, han querido conectarse contigo! Los ángeles siempre te enviarán orientación; sin embargo, puede ser que tú no lo puedas ver, escuchar o sentir. Para mejor recibir los mensajes angelicales, necesitas practicar callar las charlas en tu mente y deshacerte de las distracciones mientras te sintonizas con los ángeles. Haz las meditaciones guiadas en este libro para calmar tu cuerpo, mente y emociones y realzar tu radar angelical.

¿Existe el demonio?

Cecily ha aprendido de sus mentores espirituales y ha recibido orientación directa del reino angelical que la maldad no es trabajo del demonio, sino un producto de nuestro propio libre albedrío aquí en la Tierra. No hay una sola entidad, como el demonio, orquestando el mal. La perversidad y el comportamiento criminal son absolutamente una elección del responsable y no provienen de fuerzas endemoniadas externas. Algunos de nosotros elige la luz, mientras otros eligen la oscuridad.

Cuando aumentas tus capacidades intuitivas, ¿no te estás abriendo a las fuerzas oscuras?

Como mencionamos anteriormente, la oscuridad es real aquí sobre la Tierra y también es real en otros reinos a través de la intención y el libre albedrío de las almas. Pero eso no quiere decir que cuando aumentes tu sensibilidad hacia otros reinos que te encontrarás atraída por las entidades negativas. Escudos energéticos protectores, intenciones positivas, oraciones y la llamada a los ángeles hacen que nuestros viajes intuitivos sean hermosos, alegres y altamente beneficiosos.

¿La gente mala o malvada igual tienen ángeles de la guarda?

Sí, toda persona sobre la Tierra nació con uno o más ángeles de la guarda. Aquellos que eligieron ser malvados durante sus vidas simplemente ignoran a sus ángeles. Los ángeles se mantienen al margen sin juzgar hasta que la persona elige evolucionar espiritualmente, sea en esta vida o en otra, y los invita a entrar.

Observar cómo un humano hacer cosas oscuras, malas y equivocadas es difícil para los ángeles de la guarda, pero ellos siempre se mantienen equilibrados, cariñosos y presentes para esa persona.

¿Por qué es tan difícil la vida sobre la Tierra?

Se podría decir que la vida es una escuela y cada ser humano es un estudiante. Cada uno de nosotros está aquí para aprender ciertas lecciones para ayudarnos a recordar nuestro patrimonio divino. Si elegimos no escuchar, seguir o aprender de la sabiduría innata de nuestros propios seres superiores o la guía del espíritu, experimentaremos mucho más dolor y lucha en el camino. No estamos aquí para sufrir, pero nuestro ego, costumbres y miedo a menudo nos pueden sabotear e impedir que disfrutemos del estilo de vida que deseamos. Con una comprensión espiritual superior, podemos evitar el drama, el juicio y la sensación de poco mérito que a menudo acompaña el dolor.

¿Los ángeles alguna vez nacen con cuerpos humanos?

Nuestros ángeles nunca antes han sido humanos. Sin embargo, hay una creencia de que algunos humanos tienen una herencia angelical. La maestra de Cecily, Doreen Virtue, cree que un pequeño número de ángeles han sido elegidos para reencarnarse de manera física durante este tiempo en la historia. Estas almas angelicales a menudo están en las profesiones serviciales y disfrutan de ayudar a otros. Son naturalmente complacientes, les gusta ver lo mejor en todos y son extremadamente maternales. Puedes descubrir más sobre los ángeles encarnados en el libro de Doreen, *Earth Angels*.

¿Mi mascota tiene ángeles de la guarda?

En el reino animal, los ángeles de la guarda son del reino elemental. Los espíritus de la naturaleza acompañan a nuestras queridas mascotas y las ayudan a mantenerse seguras. Cuando abres tu clarividencia, puedes llegar a ver pequeños puntos de luz radiante sostenidas en el aire arriba de tu animal.

¿Cuáles son los bloqueos más grandes para conectarse con el reino angelical?

Las emociones fuertes y negativas, la charla mental incesante, el miedo y la sensación de falta de mérito son los culpables más grandes que nos impiden recibir mensajes de nuestros ángeles. Las meditaciones guiadas y las técnicas para conectarse con la tierra en este libro, y en especial las sugerencias del capítulo 5, te pueden ayudar a remover las creencias y conductas que bloquean la orientación angelical.

¿Las pasadas experiencias místicas, como las extracorporales o cercanas a la muerte, pueden realzar tu capacidad intuitiva?

Sí. De hecho, Melvin Morse, M.D., en su libro *Transformed by the Light*, discute la relación entre aquellos que tuvieron experiencias extracorporales (OBE, por sus siglas en inglés) o cercanas a la muerte y la capacidad intuitiva. Cuando el doctor Morse condujo un estudio del tema, descubrió que el grupo de adultos y niños que habían tenido OBEs o experiencias cercanas a la muerte en el pasado, tenían una tasa más alta de actividades psíquicas que aquellos en el grupo de control.

He escuchado que tienes más probabilidades de tener una experiencia mística si tomas drogas recetadas o ilegales. ¿Es verdad?

Las drogas recetadas o ilegales nunca se deben usar para crear un tipo de experiencia mística. La mayoría de las drogas no solo son malas para tu salud, sino que no tienen el poder para realzar tu conciencia espiritual. Las drogas son un sustituto pobre para lo que es estar realmente en la presencia de lo divino.

Estoy interesado en estar más en contacto con mi lado espiritual. ¿Qué es lo primero que debo hacer?

Escribir en un diario es una herramienta invaluable cuando comienzas tu viaje espiritual. Siempre ten a mano un pequeño diario, ya que nunca sabes cuando recibirás orientación inesperada, inspiración, intuiciones o visiones.

Mis guías espirituales me han estado mandando visiones últimamente, en especial de mariposas. ¿Qué significa esto?

Cuando nuestro tercer ojo o regalos clarividentes se abren, no te sorprendas si recibes mini películas o visiones cortas en la forma de símbolos. Cuando a Cecily se le abrió el tercer ojo, sus guías y ángeles a menudo le enviaban visiones hermosas de mariposas. La mariposa es el símbolo universal de la transformación intensa. La vida de una mariposa simboliza el crecimiento, cambio y la transformación. Empieza como oruga y luego, a través de un proceso de cambio y transformación (la etapa larva), la criatura ligada terrestre emerge como una criatura alada maravillosa, encontrando nuevo potencial en su capacidad de volar. Se podría decir que la mariposa está en su estado más alto de ser y sabiduría. Mientras la oruga solo ve lo que hay en el piso, la mariposa tiene una perspectiva más clara.

Otros símbolos comunes incluyen el agua para la emoción, un libro y una pluma para la escritura, una casa representa el alma, un bebé es un nuevo comienzo o una nueva vida y la gorra de una enfermera o una luz verde equivalen a la sanación.

Aunque los símbolos son universales, tus guías y ángeles tendrán su propio lenguaje de símbolos especial que son solo para ti. Se paciente; puede tomar tiempo aprender el significado de cada símbolo.

¿Es verdad cuando dicen: "Cuando el estudiante esté listo, el maestro aparecerá"?

Sí. Al crecer espiritualmente y buscar más oportunidades para conseguir sabiduría y vivir nuevos desafíos, el universo busca maneras de ayudarnos. Nos envían maestros para zonas específicas de crecimiento. Hay maestros alrededor de todos nosotros; algunos entran a nuestras vidas por un tiempo corto, mientras que otros actúan como mentores que permanecen en nuestras vidas durante varios meses o años. Los maestros también vienen en todas las formas. Un autor de un querido libro, un entrenador espiritual, un pastor o un familiar sabio son todos ejemplos de la variedad de maestros en nuestro diario vivir. Cada maestro puede ser beneficioso de su manera. Digamos que necesitas ayuda para aprender a expresar tus emociones; cuando llegue el momento oportuno, te atraerá la persona justa por medio de la sincronización, quien te podrá ayudar a conectarte con tus sentimientos para la sanación.

Mi maestro espiritual quiere que siga todo lo que me dice sin hacer preguntas. ¿Realmente quiere lo mejor para mí?

No. Los maestros espirituales más iluminados se dan cuenta que son humanos y no tienen todas las respuestas. Una cosa es proyectar confianza en el conocimiento obtenido, y otra muy diferente es no dejar que otros cuestionen ese conocimiento o tengan sus propias ideas y creencias. Se podría decir que este tipo de maestro viene de un lugar de ego o control. Similar a los ángeles, los mejores maestros te ofrecen orientación y apoyo y luego se ponen al margen y te permiten ejercitar tu libre albedrío. Si encuentras que un maestro te quiere quitar tu poder personal controlándote la vida o impidiendo que pienses por ti solo, ¡es hora de encontrar otro maestro!

¿Puedo volverme intuitivo si no nací así?

Todos nacemos con la capacidad de ser intuitivos; está en nuestro derecho de nacimiento. Desafortunadamente, ¡la mayoría de nosotros no está acostumbrada a ejercitar los músculos intuitivos! No necesitas tener un historial de capacidad intuitiva para conectarte con tu don intuitivo ahora. Es verdad que naturalmente somos más intuitivos de niños, porque todavía no hemos desarrollado bloqueos psicológicos o emocionales que nos cierren el tercer ojo y las chakras. Sin embargo, cuando estamos dispuestos y comprometidos a abrir nuestras capacidades intuitivas, el conocimiento, la práctica y la sanación y despeje energéticos pueden servir como maravillosos catalizadores para realzar la clarividencia, clarisensibilidad, clariaudiencia y clariconsciencia.

Algunas personas, como Cecily, tienen un despertar instantáneo de capacidad intuitiva. Este en general es un estilo de despertar espiritual que puede ocurrir en cualquier momento en la vida de una persona.

Siempre he escuchado que las hadas u otros espíritus de la naturaleza vienen de un cuento de niños y son mentira. ¿Cómo pueden ser reales?

Se podría decir que es una ocurrencia común la de mitificar aquellas cosas que no entendemos o comprendemos con nuestros cinco sentidos. Los espíritus de la naturaleza han sido vistos y escuchados por todas las culturas desde el comienzo de los tiempos, pero solo por aquellos que han usado su sexto sentido o capacidad intuitiva. Solo porque no se pueden ver ni escuchar fácilmente dentro de nuestra limitada percepción humana no quiere decir que no existan. Recuerda, hace cientos de años era un hecho científico y muy aceptado el que el mundo era plano.

No está en nosotros convencerte de que los espíritus de la naturaleza son reales, pero al abrirte a la magia del mundo oculto, puedes llegar a encontrarte cara a cara con un elemental amigable. De hecho, a medida que más gente sobre la Tierra valore el abrir su sexto sentido, más libros de hadas y más podrán finalmente ser movidos de la categoría de mitología y folclore a una de las categorías como naturaleza, ciencia o espiritualidad, donde realmente merecen estar.

He escuchado que llevo todas las respuestas en mí, ¿pero cómo si mi brújula interna está funcionando?

Es importante que sigas tu corazón en la vida. Sabrás cuando estás descarrilado por cómo te sientes. Cuando escuchas a tu corazón por sobre tus miedos, el juicio de otros y tu ego, lograrás fluir y experimentar más alegría, sincronizaciones y abundancia en tu vida. Alternativamente, cuando no estás en el camino correcto, te sentirás desconectado, frustrado, bloqueado y encontrarás que la vida será una lucha.

¿Cuáles otras guías espirituales, aparte de las que están detalladas en este libro, puedo llamar?

Existen muchas guías para ayudarnos, como los santos, los gurús, los maestros ascendidos y las deidades/devas.

Aquí siguen algunos de los maestros más populares para ayudarnos en nuestro diario vivir.

- Madre María —La madre de Jesús, quien ha dado apariciones en lugares como Fátima, Lourdes y Guadalupe. La Madre María es una cuidadora de niños, una sanadora y una guía compasiva.

- Jesús de Nazaret —El hijo adorado de Dios quien posee poderes milagrosos. Llama a Jesús para que te ayude a sanar la enfermedad, encontrar la fe, experimentar el perdón y aprender la compasión.

- San Francis de Asís —Un santo católico nacido en el pueblo italiano Asís. Mientras vivía, recibía visitas de Jesús y se volvió un predicador devoto de su palabra y amor. Además, lo conocían por amansar a animales salvajes con su energía llena de amor. Su oración famosa se llama la Oración de San Francis. Él nos puede ayudar con la sanación de animales y la devoción espiritual.

- Santa Brígida de Irlanda —Una monja irlandesa caritativa y sagrada del siglo V. Brígida mostraba un amor especial por los pobres y menos afortunados y se conocía por su sentido común y liderazgo natural. La Santa Brígida es celebrada a través de Irlanda el 1 de febrero, un día de fiesta conocido como Imbolc, la ceremonia del primer día de la primavera. La Santa Brígida nos puede ayudar a atraer la abundancia, fertilidad y los nuevos comienzos.

- San Germaine —San Germaine es en realidad un Maestro Ascendido y no un santo tradicional católico. Vivió durante el siglo XVII y principios del XVIII. Él era un conde rico y polifacético que se conocía por su regalos en la alquimia y sus capacidades visionarias intuitivas. Al haber ascendido al nivel de maestro, está disponible para guiarnos con compasión y amor para que encontremos la valentía, la prosperidad, la manifestación y el propósito de la vida.

- Kuthumi —Un líder espiritual hindú del siglo XIX. Kuthumi ahora es un Maestro Ascendido conocido por su capacidad para traer alegría y humor. También conoce la importancia de dedicación a la misión en tu vida. Es una guía eficaz para encontrar tu razón de ser y aprender a disfrutar de la vida.

- Kwan Yin —Una amada Maestra Ascendido de la religión budista. Kwan Yin es conocida por su profunda compasión, misericordia y bondad. Ella nos puede ayudar con temas de protección para madres e hijos, la fertilidad y el amor propio.

- Paramahansa Yogananda —Un gurú hindú del siglo XX. Fue el fundador de la beca de autorrealización en Estados Unidos, un maestro devoto de yoga Kriya y autor del libro popular *Autobiography of a Yogi*. Mientras vivía, Yogananda era un escritor prolífico y un orador de la espiritualidad, las leyes espirituales y Dios. Llama a Yogananda para la sanación, la devoción espiritual y la práctica espiritual diaria.

- Lakshmi —Una deva de la luna de prosperidad hindú. Es conocida por traer buena fortuna, bendiciones y abundancia para aquellos que buscan sus regalos.

- Ganesh —Una deidad hindú con cabeza de elefante quien es el patrón de las artes y ciencias, y el deva del intelecto y la sabiduría. Pídele orientación a Ganesh al empezar una nueva incursión o un nuevo camino en la vida para perspicacia y bendiciones.

Cartas del oráculo

Sea una oración o una meditación, hay muchas maneras para conectarte con los ángeles. Sin embargo, una de las herramientas físicas más valiosas son las cartas del oráculo. Disponibles literalmente en cientos de estilos, las cartas del oráculo pueden ser una manera más fácil y clara de comunicarte con los ángeles que las otras formas. Las cartas del oráculo se pueden comprar en tiendas espirituales, la mayoría de las librerías y a través de varias páginas web —busca palabras clave como "oracle cards" o "cartas del oráculo" para encontrar recursos en Internet.

Comprende a las cartas del oráculo

Disponibles en barajas, las cartas del oráculo se pueden usar para recibir orientación de vibraciones más altas —es decir, de los ángeles. Las puedes leer para ti mismo o para otros en busca de orientación y perspicacia.

A primera vista, las cartas del oráculo pueden parecerse a las cartas de tarot, las famosas barajas que usan los ocultistas para predecir el futuro. Hay unas diferencias clave.

Enfócate en vibraciones positivas

Las cartas de tarot se conocen por tener imágenes dramáticas e intensas y mensajes de muerte, dolor o conflictos. Las cartas del oráculo, por otro lado, están directamente sintonizadas al reino angelical, y son visualmente positivas y edificantes. La meta no es provocar miedo o drama, sino alentar la intuición y la fe espiritual.

No te resuelve problemas, te empuja hacia la solución

Las cartas de tarot se usan para predecir los resultados de una situación. Las cartas del oráculo se usan como un recurso para comunicarse con los ángeles, y como resultado traen orientación en cuanto a asuntos del presente, no del futuro. Los ángeles rara vez dan predicciones —iría en contra de nuestro regalo de libre albedrío—, pero pueden abrir nuestras ideas a nuestro potencial.

Al final del día, los ángeles nos pueden aumentar la autoconciencia y conciencia a través de las cartas del oráculo.

Despliegues

Hay varias maneras de organizar una lectura de cartas del oráculo. La disposición de las cartas se llama despliegue.

Aquí siguen unas sugerencias de despliegues para tus cartas del oráculo.

Despliegue de una sola carta

El despliegue de una sola carta, el enfoque más simple, es lo mejor para preguntas relativamente directas.

1. Haz una pregunta clara sobre ti mismo, en silencio o en voz alta.

2. Baraja las cartas mientras te concentras en la pregunta.

3. Abanica las cartas boca abajo.

4. Pasa tu mano izquierda sobre las cartas hasta que intuitivamente te atraiga una carta.

5. Dala vuelta. La carta representa la respuesta a tu pregunta.

Despliegue de tres cartas

El despliegue de tres cartas es más complejo que el de una sola y muestra la evolución de un evento durante un breve período de tiempo.

1. Haz una pregunta clara sobre ti mismo, en silencio o en voz alta.

2. Baraja las cartas mientras te concentras en la pregunta.

3. Abanica las cartas boca abajo.

4. Pasa tu mano izquierda sobre las cartas hasta que intuitivamente te atraiga una carta.

5. Dala vuelta. La primera carta representa tu pasado inmediato.

6. Vuelve a las cartas y, con tu mano izquierda, elige otra carta que te atraiga intuitivamente.

7. Dala vuelta. Esta segunda carta representa eventos presentes.

8. Vuelve a las cartas y, con tu mano izquierda, elige la última carta que te atraiga intuitivamente.

9. Dala vuelta. Esta última carta representa el resultado potencial.

Despliegue de siete cartas

El despliegue de siete cartas es una mirada aun más detallada de un evento o situación.

1. Haz una pregunta clara sobre ti mismo, en silencio o en voz alta.

2. Baraja las cartas mientras te concentras en la pregunta.

3. Abanica las cartas boca abajo.

4. Pasa tu mano izquierda sobre las cartas hasta que intuitivamente te atraiga una carta.

5. Dala vuelta. La primera carta representa tu pasado inmediato.

6. Vuelve a las cartas y, con tu mano izquierda, elige otra carta que te atraiga intuitivamente.

7. Dala vuelta. Esta segunda carta representa eventos presentes.

8. Vuelve a las cartas y, con tu mano izquierda, elige otra carta que te atraiga intuitivamente.

9. Dala vuelta. Esta tercer carta representa cosas ocultas para ti —elementos pasados por alto o ignorados que están afectando la situación.

10. Vuelve a las cartas y, con tu mano izquierda, elige otra carta que te atraiga intuitivamente.

11. Dala vuelta. Esta cuarta carta representa obstáculos o desafíos que deben ser vencidos para que la situación progrese.

12. Vuelve a las cartas y, con tu mano izquierda, elige otra carta que te atraiga intuitivamente.

13. Dala vuelta. Esta quinta carta representa tus alrededores —la gente, influencias y medio ambiente general.

14. Vuelve a las cartas y, con tu mano izquierda, elige otra carta que te atraiga intuitivamente.

15. Dala vuelta. Esta sexta carta representa la mejor medida a tomar.

16. Vuelve a las cartas y, con tu mano izquierda, elige la última carta que te atraiga intuitivamente.

17. Dala vuelta. Esta última carta representa el resultado si se toma la medida de la sexta carta.

Despliegue de la situación

El despliegue de la situación también utiliza un trío de cartas del oráculo, pero a diferencia del despliegue de tres cartas relativamente objetivo, el despliegue de la situación ofrece soluciones directas a posibles dilemas.

1. Haz una pregunta clara sobre ti mismo, en silencio o en voz alta.

2. Baraja las cartas mientras te concentras en la pregunta.

3. Abanica las cartas boca abajo.

4. Pasa tu mano izquierda sobre las cartas hasta que intuitivamente te atraiga una carta.

5. Dala vuelta. La primera carta representa tu actitud actual en cuanto a la situación.

6. Vuelve a las cartas y, con tu mano izquierda, elige otra carta que te atraiga intuitivamente.

7. Dala vuelta. Esta segunda carta representa una manera de aumentar la vibración de la situación.

8. Vuelve a las cartas y, con tu mano izquierda, elige la última carta que te atraiga intuitivamente.

9. Dala vuelta. Esta última carta representa los ingredientes faltantes que se necesitan para la reconciliación y resolución.

Despliegue de los doce meses

Amplio y de panorama general, el despliegue de los doce meses brinda una visión general de los posibles resultados dentro del siguiente año. Puede ser en un cumpleaños, aniversario, el 1 de enero u otro marcador anual.

1. Haz una pregunta clara sobre ti mismo, en silencio o en voz alta.

2. Baraja las cartas mientras te concentras en la pregunta.

3. Abanica las cartas boca abajo.

4. Pasa tu mano izquierda sobre las cartas hasta que intuitivamente te atraiga una carta.

5. Dala vuelta. La primera carta representa el mes actual.

6. Vuelve a las cartas y, con tu mano izquierda, elige otra carta que te atraiga intuitivamente.

7. Dala vuelta. Esta segunda carta representa el mes que viene. Ponla al lado de la primera carta, en un ángulo que la haga ver como el próximo escalón en un círculo de doce pasos.

8. Sigue intuitivamente eligiendo y colocando las cartas hasta que hayas dado vuelta un total de doce cartas.

9. Repasa el despliegue. Comenzando con la primera carta, cada carta representa los meses que la siguen.

Despliegue de la orientación superior

El despliegue de la orientación superior, no tan estructurada como los otros despliegues, permite que los ángeles realmente se comuniquen contigo como crean conveniente.

1. Pregunta en silencio o en voz alta: "¿Qué debo saber para mi bien más alto?".

2. Baraja las cartas mientras te concentras en la pregunta.

3. Abanica las cartas boca abajo.

4. Pasa tu mano izquierda sobre las cartas hasta que intuitivamente te atraiga una carta.

5. Dala vuelta. La carta representa la respuesta a tu pregunta.

6. Da vuelta cartas adicionales hasta que intuitivamente sientas que la respuesta está completa.

Despliegue de chakras

El despliegue de chakras te da una visión general de dónde estás en todos los niveles de tu vida al mirar a tu campo de energía representado por tu chakras.

1. Pregunta en silencio o en voz alta: "¿Qué debo saber sobre mi campo de energía actual?".

2. Baraja las cartas mientras te concentras en la pregunta.

3. Abanica las cartas boca abajo.

4. Pasa tu mano izquierda sobre las cartas hasta que intuitivamente te atraiga una carta.

5. Dala vuelta, pon la carta sobre la mesa y con tu mano izquierda elige cartas intuitivamente hasta que tengas un total de siete. En orden, las siete cartas representan:

   - Chakra raíz: Tu conexión con el cuerpo físico, las capacidades de supervivencia y cuidado (tanto dar como recibir) y la relación con el cuerpo material.

   - Chakra sexual: Tu conexión con la sexualidad, sensualidad y los deseos.

   - Chakra del plexo solar: Tu conexión con el ego, la confianza y el poder personal.

   - Chakra del corazón: Tu conexión con el yo emocional, el amor propio, la compasión y la relaciones.

   - Chakra de la garganta: Tu conexión con las ideas, autoexpresión, comunicación y creatividad.

   - Chakra del tercer ojo: Tu conexión con la intuición, espiritualidad e ideas.

   - Chakra de la corona: Tu conexión con el yo superior y el universo.

Consejos generales

Las cartas del oráculo se pueden usar de la caja directamente, pero hay algunas pautas que te pueden ayudar a tener la experiencia más productiva y exacta posible.

Toca cada carta

Cuando compras una baraja nueva, asegúrate de tocar cada carta — quieres estar seguro que tu energía en especial está en las cartas. Además, orar encima de las cartas del oráculo antes de hacer una lectura ayudará a abrir aun más las líneas de comunicación.

Levanta las cartas con la mano izquierda

¿Notaste que siempre recomendamos levantar las cartas con tu mano izquierda? La mano izquierda es la intuitiva. Usa tu mano izquierda para recibir la respuesta más acertada.

Escucha a las cartas

Recuerda que los ángeles están comunicando lo que es más beneficioso para ti, ¡lo cual no siempre es lo que quieres escuchar! Abre tu mente y tu corazón antes de crear la línea de comunicación a través de las cartas del oráculo —en especial cuando hagas el despliegue de orientación superior, el cual requiere que *tú* termines la conversación.

Comprende a las cartas invertidas

¿Diste vuelta una carta invertida? Una carta invertida representa un bloqueo. Algo está impidiendo que la situación o expresión siga adelante.

Excursión de ángeles

Las excursiones enfocadas en los ángeles sirven como rituales para resolver problemas que nos ayudan a conectar mejor con el reino angelical. Cada viaje es una aventura que te lleva lejos de tu experiencia diaria con la ayuda de la naturaleza (parques locales y jardines), la aromaterapia, los cristales e imágenes guiadas.

Antes de comenzar tu excursión, recuerda dejar atrás todo tipo de aparato electrónico y distracciones personales.

Excursión de serenidad

Las razones para hacer esta excursión: te sientes abrumado, demasiado comprometido, desgastado, agotado o confundido.

A veces todos nos sentimos apurados, fastidiados y fuera de contacto con nosotros mismos, y durante estos momentos frenéticos es que necesitamos volver a lo básico —la simplicidad, tranquilidad y conexión espiritual. A través de la tranquilidad y hermosura de la naturaleza, podemos dar un suspiro de alivio y rejuvenecernos nuevamente. Nuestras guías angelicales del viaje nos pueden ayudar a centrarnos y encontrar la tranquilidad interior.

Lo que necesitarás:

- Ropa cómoda

- Piedras sanadoras (una o más) —amatista, celestina, jaspe

- Aceites esenciales (uno o más) —lavanda, mandarina, pachulí, manzanilla

- Un lugar pacífico y hermoso en la naturaleza (busca un jardín o un parque)

Cuándo empezar: temprano en la mañana, para realzar la paz a través del día

Una vez que estés en tu lugar pacífico, sujeta tu piedra(s) sanadora(s) en tu mano izquierda y suavemente respira las fragancias de los aceites esenciales. Siéntate en una posición cómoda y enfócate en cada parte de tu cuerpo, comenzando con tu cabeza y llegando hasta los dedos de tus pies. Llama a tus ángeles para que te ayuden a mantenerte quieto y relajado. Si tu mente comienza a distraerse o se enfoca en preocupaciones o inquietudes, pídele a los ángeles que te libren de la charla interna de tu mente para que puedas simplemente "estar" en el momento.

Luego, pídeles a tus ángeles que te conecten con la energía calmante de la tierra. Respira profundamente doce veces, adentro y afuera. Con cada respiración, imagina energía azul y verde palpitante saliendo del centro de la Tierra y bañándote. Cada vez que te cubre la energía de la Tierra, te encuentras más y más en paz. Estás creando un aljibe de energía calmante de donde puedes extraerla cuando la necesites en las semanas que siguen.

Dile "gracias" a la tierra por sus bendiciones. Nota la belleza que te rodea: la serenidad de los pájaros, las flores, el sol y los árboles. Escucha los sonidos de la naturaleza —la brisa suave en los árboles o el agua que corre. Disfruta del poder de limpieza de la Madre Tierra todo el tiempo que quieras.

Recuerda:

- Respira profundo

- Conéctate con la naturaleza

- Despeja tu mente y abre tu corazón

Excursión del niño interno

Las razones para hacer esta excursión: te sientes demasiado serio, rígido apático o como si tu vida estuviera demasiada planeada.

Como niños, sabíamos cómo divertirnos y encontrar la alegría en las pequeñas maravillas de la vida. Los placeres simples a menudo nos hacían chillar de felicidad. Sin pensar mucho en el pasado o el futuro, a menudo vivíamos totalmente en el presente. Una caja sencilla nos podía alimentar la imaginación transformando el cartón en un castillo o una nave espacial que nos brindaba horas de placer. Reconectarnos con esa parte infantil es una necesidad básica del alma que es crucial para nuestra felicidad y bienestar. Nuestras guías angelicales quieren que nos riamos, exploremos y descubramos las maravillas que nos rodean.

Lo que necesitarás:

- Ropa cómoda

- Piedras sanadoras (una o más) —ámbar, cuarzo rosa, topacio dorado

- Aceites esenciales (uno o más) —naranja, jazmín, sándalo

- Un frasco con una tapa o una bolsa mediana

- Un lugar para explorar en la naturaleza

Cuándo empezar: la mañana o la tarde, para estar afuera durante el día

Deja atrás:

- Un reloj

- Preocupaciones adultas

Piensa en esta excursión como un viaje de descubrimiento y conciencia. Primero encuentra un lugar cómodo para sentarte y luego toma las piedras sanadoras con tu mano izquierda y suavemente respira las fragancias de tus aceites esenciales. Este ritual te ayudará a centrarte y revelará tu niño interno.

Luego, llama a tus ángeles para que te abran la conciencia al mundo que te rodea. Pídeles que te ayuden a notar las pequeñas bellezas y maravillas de la naturaleza. Con tu frasco o bolsa en mano, ve en busca de hermosos objetos naturales que te llaman la atención. Puedes estar atraído por las piedras, conchas, ramas, plumas, etc.; simplemente fíjate en lo que te inspire en el camino. No te preocupes por el tiempo; solo vive el presente. Luego de juntar tus tesoros, piensa en algo creativo y juguetón que puedes hacer con ellos en casa.

Recuerda:

- Ríe

- Explora

- Vive el presente

- Se infantil

Excursión del perdón

Las razones para hacer esta excursión: te sientes resentido, enojado, lastimado o tienes el corazón partido.

Todos hemos sido lastimados por las palabras y acciones de otro; a veces podemos dejar ir estas heridas y otras veces no es tan fácil. Si esa persona era especialmente importante para nosotros, podemos guardar resentimientos profundos. Con el tiempo, estos resentimientos nos carcomen y se vuelven toxinas en nuestro sistema energético. Nuestros ángeles saben que el perdón es una sanación poderosa, por eso nos animan a limpiar nuestro sistema y renovar nuestras conexiones de amor con aquellos que nos han lastimado.

Lo que necesitarás:

- Papel y pluma

- Piedras sanadoras (una o más) —ópalo, peridoto, sugilita, cuarzo rosa

- Aceites esenciales (uno o más) —sándalo, Melisa, bergamota, rosa, jazmín

- Un lugar escogido en una zona arbolada o al lado del océano; un árbol grande también sirve

Cuándo empezar: mañana, tarde o antes del anochecer, para estar afuera a la luz del día

Una vez que estés en tu lugar en la naturaleza, sujeta tus piedras sanadoras en tu mano izquierda y suavemente respira las fragancias de tus aceites esenciales. Llama a los ángeles para que te ayuden en el proceso de perdonar. Pídeles que te desbloqueen la energía estancada en el chakra del corazón por retener el dolor y el resentimiento. Puedes llegar a sentir un efluvio cálido en el área de tu corazón y luego a través de tu cuerpo.

Luego, toma tu pluma y papel y responde a las siguientes preguntas por cada persona que quieras perdonar. Si te cuesta responder las preguntas, pídele a tus ángeles ayuda para que te conectes aun más con tus sentimientos y recuerdos. Una vez que hayas terminado las preguntas, vuélvelas a leer y luego di lo siguiente en voz alta dentro de tu mente: "Ahora transformo el enojo hacia _____, que he llevado conmigo, en la energía poderosa del perdón. El perdón ahora está en mi corazón".

Recuerda:

- El perdón es un sanador poderoso

- El perdón abre tu chakra del corazón

- Perdónate a ti mismo al perdonar a otros

Preguntas para hacerte a ti mismo:

- ¿Qué es lo que me hace sentir este dolor?

- Antes de que la persona me lastimara, tenía muchas buenas cualidades en mis ojos. ¿Cuáles son las buenas cualidades que recuerdo?

- ¿Cómo me ha afectado negativamente mi vida el resentimiento que le tengo a esta persona?

- ¿Cómo me afectaría la vida positivamente al perdonar a esta persona?

Excursión de prosperidad

Las razones para hacer esta excursión: estás en la lucha, te sientes impotente o estás experimentando una falta de abundancia.

Hay meses, semanas y hasta años en que la mayoría de nosotros simplemente nos arreglamos con lo justo. Puede que vivamos al día, sin poder dormir a la noche porque estamos preocupados por el dinero. En tiempos como estos estamos metidos de lleno en la tragedia del dinero. Los momentos económicos difíciles no se pueden justificar con la mala suerte o el karma malo, ya que el universo quiere que prosperemos. La maestra de Cecily, Sonia Choquette, ha dicho que todos nacemos como "niños ricos del universo". Solo es cuestión de conectarse con la piscina de prosperidad que está disponible para todos nosotros. Todos tenemos derecho a la comodidad y abundancia, pero muchos de nosotros de alguna manera no sentimos que lo merecemos. Claro que tener dinero no te hace espiritualmente superior, solo significa que te sientes digno de una vida próspera. Tus guías angelicales te pueden mostrar cómo sentirte rico, para atraer más riquezas a tu vida.

Lo que necesitarás:

- Papel y pluma

- Tu conjunto y accesorios más elegantes

- Piedras sanadoras (una o más) —pirita, ojo de tigre

- Aceites esenciales (uno o más) —jengibre, pachulí, canela en rama, bergamota

- Dinero de un juego de mesa

- Unos vecindarios prósperos elegidos

Deja atrás: preocupaciones por las cuentas y el dinero.

Cuándo empezar: la mañana o la tarde (necesitas al menos cuatro horas) para estar más despierto y observador.

Antes de salir de tu casa, sujeta tus piedras sanadoras en tu mano izquierda y suavemente respira las fragancias de tus aceites esenciales para darte la energía de la prosperidad. Pon tu dinero de mentira en tu bolsillo para representar riquezas. Llama a los ángeles a tu lado para ánimo mientras pasas el día como una persona rica.

Llego la hora de ir hacia el primer vecindario próspero. Pasa el tiempo como quieras yendo a tiendas exclusivas, cafés, concesión de autos, hoteles y agencias de viajes. Camina por los vecindarios con grandes casas caras y elige la casa de tus sueños. Recuerda: solo estarás gastando una cantidad mínima de dinero, ya que no estás haciendo compras grandes ni extravagantes. Esta excursión es solamente para hacerte sentir próspero y para que observes la energía próspera de los demás.

Luego, visita todos los vecindarios prósperos que desees. Al terminar tu día, te deberías sentir vigorizado y más seguro. Si encuentras que en realidad estás celoso o sientes autocompasión, pídele a los ángeles que te brinden más energía y expectativas positivas. Cuando llegues a tu casa, comienza un diario de prosperidad con las siguientes preguntas. Usa este diario como un lugar para grabar todos tus sueños y expresar tus sentimientos. Encontrarás que cuánto más concentras tus expectativas positivas alrededor de tus sueños, más rápido verás la abundancia.

Recuerda:

- Para prosperar debes creer que ya eres próspero

- Fíngelo hasta lograrlo

- El universo quiere que seamos prósperos

Preguntas para hacerte a ti mismo:

- ¿Cómo estoy saboteando a mi propia prosperidad?

- ¿Qué cualidades positivas noto en los que son prósperos?

- ¿Qué quiero de la vida? Anota deseos materiales e inmateriales. Se específico.

Excursión de padre e hijo

Las razones para hacer esta excursión: quieres que tu hijo tenga una cita para jugar con los ángeles.

A los niños les encantará encontrar maneras de conectarse con el reino angelical. Hay algunas buenas razones: primero, a menudo pueden ver, escuchar o sentir a los ángeles con más frecuencia que los adultos. Segundo, los ángeles les brindan consuelo y tranquilidad. Finalmente, ellos encuentran que la energía de los ángeles es juguetona y divertida. Los ángeles siempre le dan la bienvenida al tiempo que pueden pasar con nosotros y nuestros hijos, así que no dejes de hacer esta cita.

Lo que necesitarás:

- Papel y pluma

- Ropa cómoda

- Un parque o campo grande

- Una manta

- Un picnic de almuerzo o merienda

Cuándo empezar: en la mañana o la tarde, para estar afuera a la luz del día.

Ve al parque o un campo grande y encuentra un lugar limpio y cómodo con una buena vista del cielo. Extiende tu manta sobre el pasto y acuéstense en sus espaldas. Llama a los ángeles y pídeles que se muestren en las nubes. Ustedes estarán buscando a los ángeles en las formaciones de nubes. Fíjense cuántos ángeles pueden encontrar.

Luego, usen sus imaginaciones, intuiciones y creatividad para armar un cuento juntos sobre sus ángeles de la guarda. Escribe la historia para luego poder leerla una y otra vez como un cuento para dormir.

Recuerda:

- Los niños y los ángeles tienen un parentesco especial.

- Los ángeles son juguetones.

- Las maravillas de los ángeles se pueden encontrar por todas partes.

Cómo encontrar tu excursión espiritual

Las razones para hacer esta excursión: no te sientes inspirado, estás confundido, vacío o estancado.

Si vamos a estar plenamente vivos, es esencial que encontremos nuestro espíritu y lo alimentemos. Nuestro espíritu es nuestra parte central que está más cerca de Dios —es virgen y puro. No podemos contactar a nuestro espíritu a través de nuestra mente, así que dependemos de nuestro corazón y sentidos para que nos lleven hacia nuestra sabiduría interna. Los ángeles nos animan a salirnos de nuestra cabeza y entrar en la autoexpresión creativa para conectarnos más profundamente con nuestro espíritu. Saben que cuando estamos fluyendo y expresándonos solo podemos vivir en el momento, y este es el lugar exacto donde encontraremos a nuestro espíritu.

Lo que necesitarás:

- Acuarelas, pintura de dedos o crayones

- Agua y un pequeño pincel para pintar

- Papel

- Una pluma y un diario

- Piedras sanadoras (una o más) —topacio azul, cuarzo claro, lapislázuli, selenita

- Aceites esenciales (uno o más) —madera de cedro, pícea, incienso, sándalo

- Un lugar hermoso en la naturaleza

Cuándo empezar: en la mañana o tarde, para estar a la luz del día.

Ve a tu lugar hermoso de la naturaleza, sujeta tus piedras sanadoras en tu mano izquierda y suavemente respira las fragancias de tus aceites esenciales. Llama a los ángeles para realzar tu inspiración e intuición. Pídeles que te ayuden a estar en el presente totalmente metido en la autoexpresión. Levanta tu pincel, crayón o usa tus dedos llenos de pintura y comienza a dibujar lo que se te antoje. Utiliza los colores que te atraigan. No tengas miedo en equivocarte. Simplemente estás expresando lo que se encuentra dentro de tu espíritu, así que nunca hay presión para crear una obra maestra. Te puedes inspirar o notar que una paz en especial te baña mientras estás totalmente metido en la creación. Pinta o dibuja todas las imágenes que quieras. Luego, pasa a tu diario espiritual y responde las siguientes preguntas. Quizá tengas ganas de escribir un cuento, poema o canción sobre tu espíritu. Guarda el diario como un lugar sagrado para la autoexpresión y conexión con tu sabiduría interior.

Recuerda:

- Necesitas alimentar a tu espíritu todos los días.

- La autoexpresión es la clave para encontrar tu espíritu.

- Tu espíritu es tu verdadero yo; es tu yo auténtico y sabio.

Preguntas para hacerte a ti mismo:

- ¿Qué me inspira?

- ¿Qué dice mi espíritu?

- ¿Qué actividades me hacen sentir totalmente vivo?

- ¿Cómo puedo ser más creativo en mi vida diaria?

Excursión de amor romántico

Las razones para hacer esta excursión: te sientes solo, estás frustrado en cuanto a encontrar el amor o estás listo para encontrar a tu media naranja.

El amor romántico a menudo es la clave para nuestro crecimiento y expansión como persona. Una relación buena y sana apoya y alienta nuestro crecimiento del alma y expande nuestra capacidad para amar a los demás. Como seres humanos, ansiamos ser íntimos con alguien para abrir nuestros corazones. Para aquellos de nosotros en un camino espiritual, deseamos más que un compañero, queremos una verdadera alma gemela o pareja espiritual. Es posible lograr esa conexión de alma poderosa con otro, cuando estamos dispuestos a sobrepasar a la persona que somos hoy en día. A través del crecimiento a todo nivel de nuestro ser, somos capaces de abrir un lugar sagrado para que un amor extraordinario llegue a nuestras vidas. Los ángeles se esfuerzan para ser nuestros cupidos celestiales al crear sincronizaciones y orientarnos a abrirnos a las oportunidades de amor a nuestro alrededor.

Lo que necesitarás:

- Un diario y una pluma

- Piedras sanadoras (una o más) —cuarzo rosa, rubí

- Aceites esenciales (uno o más) —ylang ylang, rosa, jazmín

- Un destino popular con parejas

Deja atrás: la creencia de que no tienes suerte en el amor.

Cuándo empezar: mañana, tarde o noche.

Antes de salir de tu casa, sujeta tus piedras sanadoras en tu mano izquierda y suavemente respira las fragancias de tus aceites esenciales. Este ritual realzará tu capacidad para estar abierto al amor y reconocer lo que quieres en un alma gemela. Llama a tus ángeles para que te acompañen en la salida. Pídeles que te afinen tu radar de amor, intuición y conciencia.

Ve a un lugar popular entre parejas, ponte cómodo y sutilmente observa a los que te rodean. No te preocupes por estar solo en un mar de parejas. Confía y ten en cuenta que pronto estarás en una relación maravillosa con tu alma gemela. Observa y escucha para encontrar ejemplos del tipo de amor y relación que deseas y te gustaría emular. Toma tu diario del amor y escribe cada cualidad que buscas en un alma gemela mientras se te vayan ocurriendo. Intuitivamente sabrás cuándo has capturado la información justa en tu diario.

Cuando llegues a casa de tu excursión, hazte las siguientes preguntas, lee el capítulo 12 y utiliza tu diario del amor para completar el método de los ángeles para llamar a "la" persona.

Recuerda:

- Cada uno de nosotros merecemos una relación romántica llena de amor y cariño.

- Los ángeles nos pueden ayudar a realzar nuestro radar del amor.

- El crecimiento personal es una clave importante para el amor extraordinario.

Preguntas para hacerte a ti mismo:

- ¿Qué puedo compartir con un alma gemela?

- ¿Qué quiero compartir con un alma gemela?

- ¿Cómo sería un día con mi verdadera alma gemela?

- ¿En qué áreas debo crecer para ser el mejor compañero para otro?

Excursión de gratitud

Las razones para hacer esta excursión: estás listos para reconocer y agradecer todo lo bueno en tu vida.

La felicidad es escurridiza sin la gratitud. La autora Melody Beattie dice: "La gratitud abre la plenitud en la vida". Se podría decir que la gratitud es la llave que tenemos en nuestras manos para una vida feliz, porque si no estamos agradecidos, nada de la abundancia que recibimos en nuestra vida será suficiente. Si subestimamos nuestras bendiciones, siempre estaremos buscando más cosas para llenar nuestro vacío percibido. Es importante que mantengamos los ojos abiertos para ver las riquezas escondidas en la vida. Los ángeles saben que debemos aceptar y agradecer nuestros éxitos, así como nuestros fracasos, ya que cada uno es un regalo de lo divino. Lo que puede no parecer un regalo hoy, se puede transformar en nuestro tesoro más importante.

Lo que necesitarás:

- Un diario y una pluma

- Aceites esenciales (uno o más) —mirra, incienso, ylang ylang

- Amigos o familia que te acompañen

- Tu lugar preferido

Cuándo empezar: mañana, tarde o noche.

Cuando te encuentres con tus seres queridos, pídeles a cada uno que suavemente respiren las fragancias de los aceites esenciales. Llama a los ángeles para que llenen cada uno de sus corazones con una luz verde o rosa de gratitud. Ve a tu lugar preferido y formen un círculo o siéntense uno enfrente del otro. En sus propios diarios o con una pluma y papel, respondan a las siguientes preguntas. Luego de que cada uno tenga una lista de cosas por las que están agradecidos, tomen turnos en compartirlas con el resto del grupo. Cuando cada uno haya expresado gratitud, tómense de las manos y digan "gracias" todos juntos.

Recuerda:

- Cuando vivimos con amor, gracia y gratitud, encontramos la felicidad.

- La gratitud nos ayuda a aceptar nuestro pasado, encontrar paz en el presente y crear sueños para el futuro.

- Trae una actitud agradecida a tu vida diaria.

Preguntas para hacerte a ti mismo:

- ¿Cómo he subestimado ciertas bendiciones?

- Enumera todas las bendiciones en tu vida.

- Enumera todas las bendiciones que haz recibido hoy.

Excursión para encontrar valentía

Las razones para hacer esta excursión: te sientes miedoso, inseguro o estás luchando contra una falta de autoconfianza.

A veces toma todo lo que tenemos para encontrar el valor para enfrentar los desafíos de la vida. Nos podemos sentir poco preparados o con miedo cuando la vida nos lanza obstáculos. Sin embargo, para crecer debemos tomar riesgos y salirnos de nuestra zona de confort. Los ángeles nos quieren ayudar y saben que encontrar el valor puede ser una de las cosas más poderosas y hermosas que haremos en nuestras vidas.

Lo que necesitarás:

- Papel y pluma

- Piedras sanadoras (una o más) —cornalina, hematites

- Aceites esenciales (uno o más) —clavo de olor, hinojo, jengibre, valor de Young Living (una mezcla de aceites esenciales que realzan la valentía)

- Un lugar de poder (con mucha mana, o energía de fuerza vital) cerca del agua, árboles o montañas

Cuándo empezar: en la mañana o la tarde, para estar a la luz del día.

Ve a tu lugar de poder en la naturaleza sujeta tus piedras sanadoras en tu mano izquierda y suavemente respira las fragancias de tus aceites esenciales. Llama a tus ángeles para realzar tu poder personal. Pídeles que te ayuden a encontrar tu valentía innata que emana de tu chakra del plexo solar. Respira profundamente doce veces. Luego, responde a las siguientes preguntas con un papel y una pluma. Una vez que hayas contestado las preguntas, visualiza a los ángeles enviándote mana de la tierra y la naturaleza que te rodea. Puedes llegar a ver la mana como una brillante luz blanca o puede ser energía de color —lo que veas, sea lo que fuere, será apropiado. Cuando estas completamente cargado de mana, te sentirás tranquilo y apoderado. Para terminar esta excursión, planea una actividad o toma una clase dentro del próximo mes que siempre has querido hacer, pero te lo impedía el miedo.

Recuerda:

- Cuando tomamos riesgos, vivimos vidas más plenas.

- Todos tenemos valor adentro nuestro, solo necesitamos conectarnos con él.

Preguntas para hacerte a ti mismo:

- ¿Cuáles son mis miedos?

- ¿En qué áreas no me siento preparado?

- ¿Cuándo he mostrado valor en el pasado?

- ¿Cómo sería mi vida si tomara más riesgos y encontrará mi valor?

Excursión de nuevos comienzos

Las razones para hacer esta excursión: estás listo para un cambio, inspirado y lleno de expectativas positivas.

Mientras atravesamos la vida, hay muchas estaciones, fases y ciclos que experimentamos. El cambio y el crecimiento son parte de nuestro viaje aquí en la Tierra y a menudo los nuevos comienzos simplemente se nos presentan. Sin embargo, hay momentos en que nos sentimos estancados y anhelamos un movimiento, impulso, algo nuevo. La mayoría de las veces, para darle la bienvenida a algo nuevo, debemos dejar atrás aquellas cosas en nuestras vidas que ya no nos sirven. Nuestras guías angelicales nos pueden ayudar a dar un paso hacia delante y descubrir las nuevas alegrías y sorpresas en nuestro diario vivir.

Lo que necesitarás:

- Nueva ropa y zapatos

- Un diario y una pluma

- Papel en blanco para quemar

- Tijera

- Un bol para quemar (inflamable, en general de cerámica o piedra), un encendedor, arena o agua para apagar el fuego

- Piedras sanadoras (una o más) —azurita, citrina, calcita dorada

- Aceites esenciales (uno o más) —menta, limón, incienso

- Un lugar nuevo y hermoso en la naturaleza al cual nunca fuiste (encuentra uno que te permita encender un fuego); usa tu patio trasero como un lugar alternativo

Cuándo empezar: en la mañana o la tarde, para estar a la luz del día.

Ve a tu lugar natural hermoso, sujeta tus piedras sanadoras en tu mano izquierda y suavemente respira las fragancias de tus aceites esenciales. Llama a tus ángeles para que te inspiren y te ayuden a deshacerte de las energías viejas, no deseadas. Respira profundamente doce veces. Luego, escribe todas las cosas de las que te quieres deshacer en tu vida. Toma la tijera y corta un pedazo de papel por cada cosa que has elegido.

Para el próximo paso, pon una pequeña cantidad de agua o arena al fondo del bol. Mira el primer pedazo de papel y úsalo el encendedor para prender una punta. Cuando el pedazo esté encendido, déjalo caer en el bol para que se apague la llama. Repite con cada pedazo de papel. (Si la llama sobresale al bol, échale un poco de agua o arena). Una vez que hayas completado el ritual, escribe en tu diario todas las cosas que quieres traer a tu vida y luego visualiza a los ángeles enviándote inspiración y energía positiva para el nuevo comienzo que te está por llegar.

Recuerda:

- Un nuevo comienzo no tiene precio

- Nunca estamos atrapados; siempre existen oportunidades para comenzar de nuevo

Recursos

Espero que este libro haya respondido a la mayoría de tus preguntas sobre los ángeles —qué son, cómo comunicarte con ellos y cómo te pueden mejorar la vida. Sin embargo, comprendemos que aprender no es un destino, sino un viaje. Los siguientes libros y páginas web te ayudarán a aprender más sobre cómo comunicarte con tus ángeles, y te brindarán más información detallada sobre otros temas que mencionamos en el libro.

Libros

- Badonsky, Jill. *The Nine Modern Day Muses (and a Bodyguard): 10 Guides to Creative Inspiration for Artists, Poets, Lovers, and Other Mortals Wanting to Live a Dazzling Existence.* New York: Gotham Books, 2001.

- Biziou, Barbara. *The Joy of Ritual: Recipes to Celebrate Milestones, Transitions, and Everyday Events in Our Lives.* Golden Books Adult Publishing, 1999.

- Cameron, Julia. *The Artist's Way: A Spiritual Path to Higher Creativity.* New York: Tarcher/Putnam, 1992.

- Chapman, Wendy H., and Carolyn Flynn. *The Complete Idiot's Guide to Indigo Children.* Indianapolis: Alpha Books, 2007.

- Chopra, Deepak. *Power Freedom and Grace: Living from the Source of Lasting Happiness.* San Rafael, California: Amber-Allen Publishing, 2006.

- Choquette, Sonia. *Ask Your Guides.* Carlsbad, California: Hay House Publishers, 2007.

- ———. *Diary of a Psychic.* Carlsbad, California: Hay House Publishers, 2003.

- ———. *The Psychic Pathway.* New York: Three Rivers Press, 1995.

- ———. *True Balance.* New York: Three Rivers Press, 2000.

- ———. *Trust Your Vibes.* Carlsbad, California: Hay House Publishers, 2005.

- ———. *The Wise Child.* New York: Three Rivers Press, 1999.

- Cooper, Diana. *A Little Light on Angels.* Scotland, United Kingdom: Findhorn Press, 1997.

- Dyer, Wayne W. *There's A Spiritual Solution to Every Problem.* New York: Harper Collins Books, 2001.

- Emoto, Masaru. *The Hidden Messages in Water.* New York: Atria, 2005.

- Foundation For Inner Peace. *A Course In Miracles.* Mill Valley, California: Foundation For Inner Peace, 1992.

- Gaynor, Mitchell. *Sounds of Healing: A Physician Reveals the Therapeutic Power of Sound, Voice, and Music.* New York: Broadway, 1999.

- Griswold, Mark, Barbara Griswold, y Trudy Griswold. *Angelspeake.* New York: Simon & Schuster, 1995.

- Hay, Louise L. *You Can Heal Your Life.* Carlsbad, California: Hay House Publishers, 1984.

- Hicks, Esther, y Jerry Hicks. *Ask and It Is Given: Learning to Manifest Your Desires.* Carlsbad, California: Hay House Publishers, 2004.

- ———. *The Law of Attraction: The Basics of the Teachings of Abraham.* Carlsbad, California: Hay House Publishers, 2006.

- Keyes, Laurel Elizabeth. *Toning: The Creative Power of the Voice.* New York: DeVorss & Company, 1973.

- Laroche, Loretta. *Life Is Short—Wear Your Party Pants: Ten Simple Truths That Lead to an Amazing Life.* Carlsbad, California: Hay House Publishers, 2003.

- Linn, Denise. *Altars: Bringing Sacred Shrines Into Your Everyday Life.* New York: Ballantine Wellspring, 1999.

- Michelle, Tina. *Sometimes It's the Journey ... Not the Destination.* Kearney, Nebraska: Morris Publishing, 2000.

- Morgan, Marlo. *Mutant Message Down Under.* New York: Harper Collins Publishers, 1991.

- Ray, Sondra. *Pele's Wish: Secrets of the Hawaiian Masters and Eternal Life.* Maui, Hawaii: Inner Ocean Publishing, 2005.

- Roberts, Jane. *The Nature of Personal Reality.* New York: Bantam Books, 1974.

- ———. *Seth Speaks.* New York: Bantam Books, 1972.

- Roman, Sanaya. *Living with Joy: Keys to Personal Power and Spiritual Transformation.* Novato, California: HJ Kramer, 1986.

- ———. *Personal Power Through Awareness.* Novato, California: HJ Kramer, 1986.

- ———. *Soul Love: Awakening Your Heart Centers.* Novato, California: HJ Kramer, 1997.

- Roman, Sanaya, y Duane Packer. *Creating Money: Keys to Abundance.* Novato, California: HJ Kramer, 1988.

- ———. *Opening to Channel: How to Connect with Your Guide.* Novato, California: HJ Kramer, 1987.

- ———. *Spiritual Growth*. Novato, California: HJ Kramer, 1989.

- Tamura, Michael J. *You Are The Answer: Discovering and Fulfilling Your Soul's Purpose*. Woodbury, Minnesota: Llewellyn, 2007.

- Taylor, Terry Lynn. *Messengers of Light*. Novato, California: HJ Kramer, 1993.

- Twyman, James F. *Emissary of Love: The Psychic Children Speak to the World*. Charlottesville, Virginia: Hampton Roads Publishing, 2002.

- ———. *The Moses Code: The Most Powerful Manifestation Tool in the History of the World*. Carlsbad, California: Hay House Publishers, 2008.

- Virtue, Doreen. *Angel Medicine*. Carlsbad, California: Hay House Publishers, 2005.

- ———. *Angel Therapy: Healing Messages for Every Area of Your Life*. Carlsbad, California: Hay House Publishers, 1997.

- ———. *Healing with the Angels*. Carlsbad, California: Hay House Publishers, 1999.

- ———. *The Lightworker's Way*. Carlsbad, California: Hay House Publishers, 1997.

- ———. *Messages from Your Angels*. Carlsbad, California: Hay House Publishers, 2003.

- ———. *The Miracles of Archangel Michael*. Carlsbad, California: Hay House Publishers, 2008.

- Williamson, Marianne. *The Gift of Change: Spiritual Guidance for Living Your Best Life*. New York: Harper San Francisco, 2004.

Cartas del oráculo

- Choquette, Sonia. *Ask Your Guides Oracle Cards*. Carlsbad, California: Hay House Publishers, 2005.

- Cooper, Diana. *Angel Cards for Children*. Scotland, United Kingdom: Findhorn Press, 2004.

- ———. *Teen Angels: 52-Card Deck*. Scotland, United Kingdom: Findhorn Press, 2005.

- Marooney, Kimberly. *Angel Blessings: Cards of Sacred Guidance and Inspiration*. Beverley, Massachusetts: Fair Winds Press, 2001.

- ———. *Angel Love: Cards of Divine Devotion, Faith, and Grace*. Beverley, Massachusetts: Fair Winds Press, 2004.

- Tyler, Kathy. *Angel Cards*. Asheville, North Carolina: Innerlinks, 1983.

- Virtue, Doreen. *Archangel Oracle Cards*. Carlsbad, California: Hay House Publishers, 2004.

- ———. *Healing with the Angels Oracle Cards*. Carlsbad, California: Hay House Publishers, 1999.

- ———. *Healing with the Fairies Oracle Cards*. Carlsbad, California: Hay House Publishers, 2001.

- ———. *Messages from Your Angels Cards*. Carlsbad, California: Hay House Publishers, 2002.

Páginas web

www.acupuncturetoday.com —Una versión en línea sobre la publicación de noticias de acupuntura, *Acupuncture Today*.

www.angelspeake.com —Casa de la autora y maestra Trudy Griswold, donde puedes aprender sobre sus libros, escuchar su programa de radio y seguir las fechas de su gira.

www.angeltherapy.com —La certificación de Doreen Virtue de Terapeuta de ángeles profesional y Médium. La página web de Doreen Virtue, experta de los ángeles y mentor desde hace mucho tiempo de Cecily.

www.ashanamusic.com —La casa de la artista espiritual Ashana. Visítala aquí para escuchar una muestra de su música, aprender más sobre ella o descubrir información sobre su gira.

www.bachcentre.com —Las técnicas de las flores sanadoras del difunto doctor inglés Edward Bach.

www.charlesvirtue.com —El programa de certificación angelical de Charles Virtue. La página web de Charles Virtue, experto de ángeles e hijo de Doreen Virtue.

www.childrenofthenewearth.com —Children of the New Earth, una página web para y sobre niños intuitivos.

www.crystalbowls.com —Bols de cristal de la compañía Crystal Tones.

www.dianacooper.com —La escuela de Diana Cooper de ángeles. Autora de diecisiete libros, Diana Cooper es una de las autoridades más preeminentes de ángeles y espiritualidad.

www.divineartistry.com —La página web espiritual de Cecily Channer.

www.emofree.com —Técnicas e investigaciones sobre la libertad emocional.

www.harpmagic.com —La casa del galadornado harpista Peter Sterling. En este página encontrarás muestras de música de fondo e información sobre giras.

www.healthjourneys.com —Imágenes guiadas por Belleruth Naparstek, una trabajadora social licenciada y profesional espiritual.

www.heartmath.com —Una facilidad de investigación de renombre mundial, Heartmath estudia los efectos de la espiritualidad, la emoción y otros factores sobre la salud humana.

www.jamestwyman.com —La página web del trovador de la paz James Twyman, un músico y líder de la comunidad mundial de Saint Francis.

www.joanwanderson.com —La casa del experto de ángeles y autora Joan Wester Anderson.

www.kimberlymarooney.com —Reverenda Kimberly Marooney, Ph.D., habla sobre la orientación angelical, la sanación espiritual y sus libros en la página web.

www.masaru-emoto.net —Página web del investigador espiritual japonés Masaru Emoto.

www.michaeltamura.com —El programa de capacitación clarividente de Michael Tamura. Dueños de la compañía Seraphim en Monte Shasta, Michael y Raphaelle Tamura publican libros, realizan seminarios y brindan consultas sobre los ángeles.

www.naha.org —La página web oficial del National Association for Holistic Aromatherapy (NAHA, por sus siglas en inlgés).

www.nqa.org —La National Qigong Association. Dedicada al antiguo régimen equilibrado de salud de China.

www.reiki.org —La página web del Centro internacional de entrenamiento de Reiki.

www.ronnastar.com —Casa en línea de Ronna Star, canal para el Arcángel Miguel.

www.soniachoquette.com —La certificación de seis sensorial de Sonia Choquette. Sonia Choquette, una de las mentores de Cecily, es una experta sobre ángeles, guías espirituales y conocimientos relacionados, respetada a nivel internacional.

www.soundhealingnetwork.org —El Sound Healing Network, una comunidad internacional de sanadores sonoros.

www.terrylynntaylor.com —Una especialista de las cartas de ángeles y autora, Terry Lynn Taylor brinda sabiduría y perspicacia a través de su página web.

www.tinamichelle.com —La serie espiritual de aprendizaje de Tina Michelle para descubrir tu iluminación. La espiritualista Tina Michelle, un mentor desde hace mucho tiempo de Cecily, escribió el prólogo para este libro.

www.youngliving.us —La casa de los aceites de Young Living.

ÍNDICE

SP
202.15 C458

Channer, Cecily.
La guia esencial para
conectarte con tus angeles
Vinson ADU CIRC
09/12